中華書局

香港諸神

起源、廟宇與崇拜

全彩修訂版

周樹佳 著

修訂版序

本書是《香港諸神》的新修訂版，跟 2009 年初版和再版相比，除了轉以彩色印刷，使書中相片更為傳真細緻，我還修訂了五十九位神祇的內容，其中二伯公、七大巡爺、李準、車公、林七仙娘、綏靖伯、朱大仙、西國大王和聖母娘娘都作了大篇幅的補充，甚至改寫，當中不少資料都是我回到神祇的發源地去追蹤得來。

《香港諸神》初版面世至今已逾十年，其間我從沒有停止尋找香港諸神的「任務」，因我深信在新版中增補和修訂舊內容，以趨完美，從來就是作者的責任，也是自己研究本地民俗的重要動力之一。

然而也許是自己太勤力或行好運了（一笑），在這段日子我竟多發現了上百位的神祇，如此一來煩惱來了，因為若每位仙佛都要花一至兩頁篇幅去詳細記述，那新版的《香港諸神》必定變得厚甸甸，讓人閱讀不便，而且書價也一定不菲。為此，我採用了一個稍稍「偷懶」的取巧方法，就是以表列筆記的形式在書末補遺，務求寫出自己多年來的所知所得，以滿足新舊讀者的求知慾，卻又可達到簡而不漏的基本原則。

我深信，若覺得初版或再版《香港諸神》已可堪一「讚」的你，這本新修訂版的彩色《香港諸神》絕對值得再成為你家中書架的成員，又如果閣下是首次接觸本書，那我可要恭喜你，因為你已踏進一個新空間，箇中天地是更廣更闊更有趣味。古人說學習階級有如登堂入室，那跨進這個本地民俗「結界」的第一步，《香港諸神》會是個好開始。

2021 年

初版序

現時香港的圖書市場有很多介紹廟宇的書籍，但解說神祇的卻很少，這讓我產生一種願望：寫作一本介紹香港神祇來歷、特色及功能的書。

信仰是民俗學的一大範疇，也跟普羅大眾的生活有密切關係。香港雖是彈丸之地，但其宗教文化卻是出奇的豐厚，民間的宗教信仰來自五湖四海，充分反映香港是一處文化匯聚的寶地。無奈的是，目前坊間有關解說神祇的書籍，都是泛泛而談，或只集中論述一些家喻戶曉的超人氣神祇，至今還沒有一本以香港為中心，全面介紹各類神祇面貌的作品。

本書介紹的二百多位神祇，是我過去十年來踏遍香港大小神壇廟宇所得，資料涉及廣州、潮州、鶴佬、蜑家、客家、圍頭、閩南等各族群的信仰習俗。編寫這本廟宇神祇的圖書，是希望為香港保存一些民俗文化的資料，也為香港人提供多一個途徑了解周遭的事物，積累對生活及社會文化的經驗。

本地神祇的文獻資料零七八碎，一些客家人或鶴佬人崇拜的地方神祇，因長期被人忽略，罕有文字資料存世。故此搜集得來的材料，特別是關於一些鮮為人知的民間俗神的來歷，大部分都是來自人們的口述，正因如此，個人認為書中內容還是頗有價值的。就以我花了近一年時間追訪「珍珠娘娘」出處的經過為例，最後是從一名八十多歲的潮州老居士口中，才知悉「珍珠娘娘」的底蘊，相信若晚三數年再追訪的話，恐怕會空手而回。

因篇幅所限，本書所記的神祇以道、佛和民間信仰為主，佛教密宗的神祇寫得比較少。道教方面，由於道教是多神教，神祇的名目繁多而駁雜，故只能挑選較具影響力和代表性的神祇來介紹，至於餘下的仙真就只能割愛，讓其繼續安靜地躺在厚厚的《道藏》裏了。另外，我手裏還有四十多個神靈因無法找到相關資料而未能寫進本書，希望他日有機會補充。

為了增加可讀性及印證本書所提及的神祇都是「此時此地此模樣」，除了在條目中標明各神祇所在，還附上相關照片以證其存。少部分神靈因住持人的拒絕或其他原因而未能提供照片，只好另作安排。心有餘而力不足，實屬無可奈何，希冀讀者原諒。

本書所載的神祇，部分從未見於香港任何史冊文獻，如今首次曝光，算是為香港民俗研究做的一點小貢獻吧！

2009 年

目錄

佛教 89

民間信仰　141

功能圖標

問一般吉凶

求水上平安

求讀書功名

求生育

求雨

求青春、美容

求姻緣、人緣

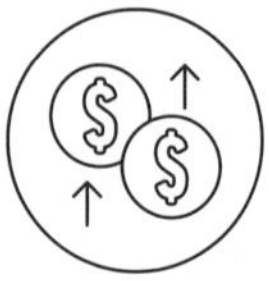

求財富

驅疫治病求健康

求偏門橫財

求漁穫

求農耕收成

求壽

工業安全

防火

表演順利

保護小孩

捉鬼治邪

轉運

特殊職業神

賞善罰惡

擋煞消災

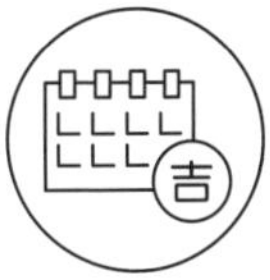

擇日諏吉

道教

三清

九龍塘省善真堂。中為元始天尊，左為太上老君，右為靈寶天尊。

廟宇　省善真堂：九龍塘律倫街七至八號

功能　問一般吉凶

誕日　農曆正月初一是元始天尊誕日，五月二十三日是靈寶天尊誕日，二月十五日和七月初一則是道德天尊誕日（《通勝》另記十二月十六日亦為太上老君誕日）。

三清原是道教所指的三清境，即玉清境、上清境和太清境，由於道教中最高神靈是一人一層分住其間，所以三清又引申為道教中三大天神的代稱，祂們分別是玉清元始天尊、上清靈寶天尊和太清道德天尊。這三位神靈中，元始天尊和靈寶天尊都是古人想像出來的神祇，而「道德天尊」則是我們熟悉的太上老君——老子。每當進行道教科儀，如打醮或打齋時，其主壇場一般均會掛三清畫像，稱三清壇，就是以其為道教至尊之故。

香港的宮觀壇堂大都有三者的神像或畫像，位置是老大元始天尊在上層中間，下層的左邊是老二靈寶天尊，右邊是老三道德天尊，排列位置如三角形；若三者並排，則元始天尊居中位。

太上老君

粉嶺蓬瀛仙館的太上老君像。

廟宇　蓬瀛仙館：粉嶺百和路六六號
崇心道德壇：大埔公路大埔滘段（近松仔園）

功能　問一般吉凶

誕日　農曆二月十五日（筲箕灣譚公廟於七月初一賀誕；香港部分道堂於七月初一和十二月十六日賀誕）。

太上老君亦稱「太上道祖」，即《道德經》的作者李耳，又稱老子，是春秋時期楚國人，道家始祖，生卒年不詳。

在道教的始創期，祂被張道陵等奉為教主，為至高無上的第一大神，後來道教的神祇愈來愈多，祂的至尊地位漸漸被取代，只能列於三清中元始天尊和靈寶天尊之後（參見「三清」條）。雖然如此，道教徒對太上老君一直都十分看重，不少道觀都以祂為主神，例如崇心道德壇、蓬瀛仙館等便是。慈雲閣的正殿「清虛天宮」除了奉有老子像（手持芭蕉扇、麈拂），戶外更有一座老子騎獨角青牛的大型塑像。在誕日，中華道教僑港道侶同濟會的成員會齊集在會所內打牌子，奏樂賀壽。

玉皇大帝

（天地父母、天公）

廟宇　玉皇寶殿：筲箕灣阿公岩村道
　　　三聖廟：屯門三聖墟麒麟崗

功能　問一般吉凶

誕日　正月初九（《通勝》另有十一月初六為玉皇誕日之說）

阿公岩玉皇寶殿的玉皇大帝像。該廟為全港唯一的玉皇大帝廟。

玉皇大帝是一個由觀念產生的神祇，祂既不是星宿，也不是歷史人物，祂的出現主要是來自封建社會的皇權思想。民眾認為世間總有一個主宰萬事萬物的領袖，於是就生出了一個天上皇帝來；亦有說玉皇大帝是三清的化身，掌管天地萬物、陰陽造化等。

玉皇大帝這名稱是唐朝以後才有，之前多稱天帝或天翁。祂本是民間信仰的第一大神，但漢以後被道教吸納，漸漸就有了神號，在道經中稱為昊天金闕玉皇上帝或玄穹高上帝。有言潮汕人士常拜的天地父母，指的就是玉皇大帝。另外，有漢傳佛教徒將玉皇大帝等同於佛教的護法神帝釋天。

香港打正旗號的玉帝廟只有筲箕灣阿公岩的玉皇寶殿；沙田萬佛寺雖是寺院，內裏也有一座玉皇殿。除此之外，主奉玉皇大帝神像供善信參拜的廟觀佛堂還有長洲西灣的永勝堂、屯門三聖廟、元朗凹頭的玉皇觀音廟、先天道龍慶堂、梧桐寨萬德苑、隱廬佛社和善慶洞等。而幾間位於北角由福建人辦的樓上佛堂，以及蓬萊閬苑、牛池灣扎山道的普救廟、大嶼山桃源洞、沙頭角的烏石角天后廟、海陸豐人辦的石籬白雲洞和潮州人辦的念敬佛社也供有這位神靈。

民間向有天公生日之說，日子為正月初九，與玉皇大帝或天地父母誕日相同，可見三者實為一體。大埔天德聖教的忠和精舍奉有天公神龕，所供奉的天公無形無相，只有黃布一塊，安於大殿正前方，與潮汕人辦的廟宇安放的天地父母位置相同，甚為獨特。

在玉皇誕期間，屯門的三聖廟會舉行玉皇禮斗的大型法事，意思是向玉皇大帝求好運。而荃灣的玉霞閣在玉皇誕會特別預備一種羅漢粥的食物招待四方善信，為地區罕見的風俗。

另外，新界的打醮活動常紮有一個稱為玉皇大帝的紙神像，其實紙神像是城隍才對，產生這個誤會，是因為昔日一些喃嘸師傅（負責科儀的正一道士）為滿足村民的虛榮心，故意將權力只及地方的城隍說成是玉皇大帝所致。

太乙真人

廟宇　省善真堂：九龍塘律倫街七至八號
圓玄學院：荃灣三疊潭老圍路
雲浮仙觀：流浮山深灣路

功能　問一般吉凶

誕日　農曆十一月十一日

太乙真人有尋聲救苦之能。圖為流浮山雲浮仙觀青華堂中所奉的太乙真人畫像。

太乙即北極星，又叫太一；真人是道教對學道成神者的尊稱。古人認為所有星體都是圍繞太乙來轉動，其地位尊貴，並可賜福大地，故只有皇帝才可祭祀祂。

太乙真人是從大自然衍生出來的道教神祇，其身世經道教徒的加工後，就成了一位學道於周代、拜太上老君為師兼隱居在乾元山金光洞的仙人，教內尊稱祂為太乙救苦天尊青玄上帝。在神魔小説《封神演義》中，祂更被説成是哪吒的師父。在道教諸神中，太乙真人被塑造成一個身份千變萬化、普度眾生、四處尋聲救苦，應物隨機的及時雨。

2004 年南亞海嘯後，香港不少道堂均舉辦超度濟幽法會，其中就有祈求太乙救苦天尊助一眾亡魂脱離苦海的法事。據一位正一派喃嘸師傅相告，道經記載太乙真人是火精子再世，能以火焰把一眾死難冤魂化煉成青煙，輪迴轉世，故此超度法事名為祭煉幽科。

省善真堂和圓玄學院都供有祂的神像，流浮山雲浮仙觀青華堂供有其畫像。

北角旅港蓮潭同鄉會也供奉太乙真人，但真有其人，名楊肅，生於唐末，精於醫術，乃是蓮潭楊氏的祖先。

三官大帝

（三元、三界公）

深水埗大南街青松仙觀裏的三官大帝神像。

廟宇 西林寺三元宮：沙田上禾輋一九八號（先天道安老院附近）
青松仙觀：深水埗大南街一六四號（三元寶殿在六樓）
紫霞園：沙田排頭村一四八號
大聖寶廟：觀塘秀茂坪寶琳路（寶達邨入口斜對面）

功能 擋煞消災

誕日 正月十五日為天官誕日，七月十五日為地官誕日，十月十五日為水官誕日，惟一般神壇廟宇都會挑正月十五日賀誕。

三官大帝是一組天神的組合，來自人類對天、地、水的自然崇拜。三官即天官、地官和水官，祂們各有職司，天官賜福（這就是很多人家門口放置天官賜福神位的原因）、地官赦罪、水官消災解厄。

這三個神祇最初只是普通的民間俗神，但在東漢時被道教吸納之後，一下子變身成為主管人間禍福的天神，在道教中地位極高，僅次於玉帝。宋以後又被稱為三元大帝，廟宇的神牌則多稱為三元三品三官大帝——上元一品賜福天官紫微大帝、中元二品赦罪地官清虛大帝、三元三品解厄水官洞陰大帝。

三元是道教的說法，指正月十五日的上元日、七月十五日的中元日和十月十五日的下元日，後來道教把三位大帝的誕日分配其中，說天官生於上元日，地官生於中元日，水官生於下元日，就成了三元。

除了三元，民間也有以三界爺稱呼三官大帝的，海陸豐人辦的中元法會就有三個代表天、地、水的三界爺紙紮公仔。

在香港，民間以供奉上元天官為多，中元節濟幽則會拜中元地官，以求赦免眾鬼的罪孽。在宮觀方面，三官大帝通常只作副神，像粉嶺藏霞精舍就安有三官的神位。另外，也有一些道觀廟宇對三官神像敬而重之的，如深水埗青松仙觀、沙田排頭村的紫霞園和秀茂坪大聖寶廟。至於獨立供奉三官的廟宇，全港只有沙田上禾輋西林寺的三元宮，這廟宇相傳是廣州三元宮的分支，在香港已有近半世紀的歷史，惟香火凋零。再者，油麻地天后古廟、紅磡觀音廟、上環廣福義祠和純陽仙洞等也有供奉三官大帝。

在上世紀九十年代初，上環太平山街本仍有一間天后三元宮，但已拆卸改建成大廈。

王母娘娘

（西方佛母）

廟宇　王母娘娘廟（已拆）：筲箕灣阿公岩村道小山崗上
　　　慈雲閣：慈雲山慈雲山道一五〇號（基慈小學旁）
　　　灣仔洪聖古廟：灣仔皇后大道東一二九號
　　　大埔桃源洞：大埔山塘村四二號

功能　問一般吉凶

筲箕灣耀興道半山觀音廟內的西方佛母即王母娘娘。

誕日　王母娘娘的誕日是農曆七月十八日；而每年的三月初三，為道教的蟠桃會，部分道觀會在這天為群仙賀壽。西方佛母的誕日為農曆九月十三日。

王母娘娘即西王母，其名字散見於《山海經》、《莊子》、《穆天子傳》等典籍中。傳說祂擁有長生不老藥（後世稱為蟠桃）。

王母娘娘在西漢時為道教吸納，成為道教中神祇，其後身份數變，初指祂為元始天尊與太玄聖母生的女兒，號太真西王母（或稱九靈太妙龜山金母），為眾女仙之首；後說成是玉皇大帝的太太，千年流傳下來，其天上皇后的角色最深入民心。上世紀六十年代香港的經典神魔電影《瓊花仙子》，就是以祂為玉皇大帝之妻來說故事。

王母娘娘的名字在明以後曾出現異變，當時民間宗教大量興起（民間宗教有別於正統的佛、道教），其中的無為教（又名羅教）以玉皇大帝的形象為藍本，創造了無生老母為眾神之首，說祂是人類始祖，而這個別稱瑤池金母的女神，實質是王母娘娘的變身（金在五行中屬西，故金母即西母，也就是西王母；而在神話中，西王母住在崑崙山的瑤池，所以又成了瑤池金母）。

香港曾有一間由一徐姓汕尾鶴佬人所建的王母娘娘廟，廟宇位於筲箕灣阿公岩村道一小山崗上。只是該廟因佔用官地，多年前遭清拆，神像已不知去向。前些時油塘大士王爺寶殿內的地母廟也奉有此神，但現已遷到茜草灣三山國王古廟內。另外，慈雲閣有一尊王母娘娘像，惟只作展覽用途，沒有供奉香爐。

西方佛母是王母娘娘的別稱，灣仔洪聖古廟西方佛母的神簾上便寫着瑤池碧玉宮，可見與王母娘娘甚有關連。但令人困惑的是，兩者誕日卻不一樣，不知原因若何？這神除見於灣仔洪聖古廟外，還可在赤柱天后古廟、土瓜灣天后廟和筲箕灣耀興道觀音廟等找到，不過其信仰不彰。

太白金星

運

玄都觀是香港極少數由潮州人營辦的道觀，內裏奉有太白金星神像。

廟宇　龍潭古廟：粉嶺蕉徑（雞公嶺山腳）
　　　玄都觀：柴灣新夏街樂軒台對面

功能　轉運

誕日　農曆八月十七日

太白是行星名，即金星，是八大行星中最光亮的一顆，早晨出現在東方時名長庚，晚上出現在西方時名啟明。

太白金星是由大自然轉化而成的道教神衹，人類敬拜祂大體來自一種對星宿的崇信，覺得這星光芒奪目，必然大有神能，可影響命運。太白金星的神靈造型原是一個身穿黃衣、頭戴雞冠、手彈琵琶的女神，直到《西遊記》把祂描寫為一個老公公後，太白金星老者的模樣便深入民心。

另外，有指太白金星是唐代詩人李白的化身，這種說法顯然是附會李白的別字太白而來，姑且一提存案。

香港供有太白金星神像的廟宇極少，蕉徑的龍潭古廟（此廟是觀音廟）和柴灣的玄都觀是其中兩間。

三天大帝

廟宇　元符觀：元朗大旗嶺村
功能　問一般吉凶
誕日　不詳

元朗大旗嶺村元符觀的三天大帝畫像。

三天大帝是道教茅山上清宗的神祇，有關祂的身份最少有兩個說法，一是據符書《萬法歸宗》所記，祂是專門掌管妖魔鬼怪的大神，平日負責計功德口糧，以分辨誰得道升遷，誰沉淪貶降。祂轄下有三名大將，分別為火光大將、哮風大將和混海大將，各擁天兵百萬，代行其職務。

另一說法，則是來自道經中《雲笈七籤・三天君列紀》的記載，指三天大帝姓柏成，諱欻生，字芝高，曾師事黃谷先生和廣成子等仙人。祂後來成為上清真人，職總仙大司馬，負責眾仙仙籍，可以說是仙界中的人事部主管。

香港只有道壇或宮觀會供奉這位神靈，如元朗大旗嶺村元符觀和旺角一個廣東茅山真心教的法壇，一般家庭很少供奉。

斗姆

（斗姥、紫光夫人）

壽

香港早期宮觀佛堂供奉斗姆都是以畫像為主，鮮見神像，此為香港道德會所藏的斗姆繪像。

廟宇　青雲觀：屯門青山青山寺徑青山禪院
樂富天后聖母古廟：樂富邨樂民樓山邊德美山一號A
泰亨鄉天后宮：大埔泰亨鄉
真君廟：青衣楓樹窩路九A號

功能　擋煞消災、求壽

誕日　農曆九月初九

斗姆又名斗姆元君（道教中人稱女仙為元君，如天后元君、龍母元君等），原是指北斗七星之母，後演化成天上眾星之母，乃道教女神，其造型是三目四頭八臂，相信是由古民對北斗七星的信仰而來。

元明時期，道士為了強化北斗信仰，編造了一個有關斗姆的神靈故事，說祂本是周禦王（傳說人物）的妃子紫光夫人，一胎生九子：兩名長子是天皇大帝和紫微大帝，而七名幼子就是北斗七星的貪狼、巨門、祿存、文曲、廉貞、武曲和破軍（這叫法為道書所用，另有天文學上的分法，參見「北斗七元君」條），全都以天上的星宿命名，正所謂母憑子貴，世人認為斗姆是九星之母，參拜祂就可以消災延壽。

由於斗姆擁有眾星之母的神格，在新界鄉村

的打醮法事中，便有拜斗姆的儀式，簡稱拜斗，目的是為鄉人消災延壽。在這些醮會中，斗姆被稱為「中天大聖北斗九皇誕生解厄摩利支天大聖圓明斗姥元君」，摩利支（按：亦有作摩利支）天原是古印度佛教女神的名字，為梵文音譯；摩利支指陽焰或威光，是一片光明之意；而天字即諸天，乃佛教神祇。為何道教女神會跟佛教的女神結合？最大可能是古人張冠李戴的緣故，因今見的斗姆像，跟宋代傳入中國的四頭八臂摩利支天形象如出一轍，從中可見民間道佛混同的影子。

香港供奉斗姆的地方一般都在宮觀的六十太歲殿或元辰殿。其實斗姆最初跟六十太歲是沒有直接關係的，但因道門中人視祂為眾星之母，便把她放到太歲殿的中央，以示受眾星的拱衛。

現時香港供有斗姆神像或畫像的廟觀很多，如青雲觀、桃源洞、蓬瀛仙館、玉壺仙洞、省善真堂、蓮鶴仙觀、樂富的天后聖母古廟、太平山街太歲殿、荃灣龍母佛堂、圓玄學院、大樹下天后廟、泰亨鄉天后宮、真君廟、聖道正壇、深水埗天后廟和油麻地觀音樓社壇等。厦村的靈渡寺雖是佛教寺院，但因寺院曾多次改名及改變用途（曾用作道觀），目前仍留有一尊斗姆像。

斗姆在民間還被稱為紫光夫人，《通勝》中有一道寫有北斗紫光夫人的符，從中可見斗姆與紫光夫人的關係；惟本港的道觀廟宇很少公開採用紫光夫人這個名稱，筲箕灣譚公廟列聖神牌寫有紫光夫人的名字是頗獨特的情況。

六十太歲

／六十元辰

運

太平山街觀音堂內的六十太歲神像群。

廟宇　三聖廟：屯門三聖墟麒麟崗
　　　蓬瀛仙館：粉嶺百和路六六號
　　　圓玄學院：荃灣三疊潭老圍路

功能　轉運

誕日　不詳

六十元辰跟六十太歲是兩組不同的神靈，很多人誤以為元辰等同太歲，其實兩者是有區別的。六十太歲是由太歲神的觀念衍化而成的道教神祇群，一共有六十個，這組神靈最遲在金代（1115—1234）出現。

道教引用中國古代傳統的紀年方法，認為宇宙每六十年一個循環，每年便自然有一個太歲神負責，於是創造了六十太歲神來值年。

六十太歲（將軍）分別是：

金辨　陳材　耿章　沈興　趙達　郭燦　王濟
李素　劉旺　康志　施廣　任保　郭嘉　汪文
魯先　龍仲　董德　鄭但　陸明　魏仁　方傑
蔣崇　白敏　封濟　鄒鏜　傅佑　鄔桓　范寧
彭泰　徐單　章詞　楊仙　管仲　唐傑　姜武
謝太　盧秘　楊信　賀諤　皮時　李誠　吳遂
文哲　繆丙　徐浩　程寶　倪秘　葉堅　丘德
朱得　張朝　萬清　辛亞　楊彥　黎卿　傅黨
毛梓　石政　洪充　虞程

至於六十元辰則是每個人的本命神。元辰二字有吉日良辰之意，這裏引申為主管每人吉凶命運的神靈（星君）。古術家認為，每個人一出生就統屬於那年的本命星君，終生不能變。由於曆法每六十年循環一次，所以就有六十個元辰星君，而這種説法最遲在唐代已有。

六十元辰（星君）分別是：

王文卿	龍季卿	張仲卿	司馬卿	季楚卿
何文昌	馮仲卿	王文章	侯博卿	孫仲房
展子江	龐明公	邢孫卿	趙子玉	虞子卿
石文陽	尹佳卿	陽仲公	馬子明	呂威明
扈文長	孔利公	車元升	張文通	樂石陽
范和卿	褚進卿	郭子良	武雅卿	史公來
衛上卿	杜仲陽	朱伯眾	臧文公	范少卿
鄧都卿	陽仲叔	林衛公	丘孟卿	蘇他家
孟非卿	唐文卿	魏文公	石叔通	范伯陽
成文長	史子仁	左子行	宿上卿	江漢卿
明文章	戴公陽	霍叔英	崔巨卿	叢元光
時通卿	華文陽	邴元玉	樂進卿	左石松

現時香港大部分道教資料都把六十太歲視作六十元辰，其實在古人眼中兩組神祇是截然不同的。簡言之，太歲是值年神，而元辰則為本命神，不過現今大部分人已把出生年的太歲作本命元辰看待，這可是歷史演化的結果。香港很多廟宇和道觀都建有太歲殿或元辰殿，如上環太平山街觀音堂、太平山街太歲殿、上環文武廟、灣仔玉虛宮、灣仔洪聖古廟、鴨脷洲洪聖廟、屯門的三聖廟、大埔舊墟天后廟、深水埗三太子宮、旺角水月宮、紅磡觀音廟、深水埗武帝廟、油麻地觀音古廟、油麻地天后古廟、九龍城侯王古廟、悦龍聖苑、泰亨鄉天后宮、青衣真君廟、大樹下天后廟和荃灣龍母佛堂等；道觀則有青松觀、粉嶺蓬瀛仙館、荃灣圓玄學院、打鼓嶺雲泉仙館、深水埗竹林仙館和九龍塘省善真堂等；由於地方所限，一般以大宮觀的六十太歲殿或元辰殿較具規模，可作觀光點遊覽。

張天師

飛雁洞佛道社內供奉的張天師像。

廟宇　筲箕灣譚公廟：筲箕灣阿公岩譚公廟道（近避風塘）
　　　泓澄仙觀：北角英皇道六五七號東祥工廠大廈C座七樓

功能　捉鬼治邪

誕日　天師誕為農曆五月十八日（出生）和九月初九（得道）。
　　　筲箕灣譚公廟做的誕日是農曆五月十六日。

張天師這個名稱有兩個含意，其一是專指道教的創始人張陵（34—156）；其二，由於龍虎山天師的道派傳人是世襲制度，故張陵以下的歷代掌派子孫，也同樣被稱為張天師。

張陵又名張道陵，字輔漢，沛國豐邑人（今江蘇豐縣），其名字中加有一個道字，是有追尋老莊之道的意思。張陵曾入太學，遍讀五經，但對方術產生了興趣，於是在 126 年至 144 年間到四川鶴鳴山修道，繼而開宗立派，遍收弟子。由於入會者均要繳白米五斗，其教派又稱五斗米道。

張陵創立的教派以治鬼驅邪聞名，他發明了很多符籙咒語，可以差遣天兵天將做事，有捉鬼治邪之能。由於他的孫子張魯在四川傳道時自稱師君，張陵便被後人尊稱為天師，天師之名由是而生（這名詞出自《莊子》），而其教派也被稱為天師道。後來傳說他得太上老君授予《正一盟威秘籙》，故封號正一真人，其教派統稱為正一派。到了今天，正一已成為張天師派的代稱，正一派與金元以後大盛於北方的全真派，為中國道教的兩大宗派。

張天師本是道教的創教祖師，死後被封為神，其在教內的地位本應極為崇高，但道教中人並沒有厚待這位祖師爺。在魏晉以後，道教神譜之中便有元始天尊、玉皇大帝及無數仙人真君在張天師之上，令張天師在民間的地位愈益低落。如在明代小說《西遊記》中，祂只是四名守護玉皇靈霄殿的天師之一，地位已由創教祖師淪為守衛。

張天師雖然在道教神譜中被硬貶下來，但正一派在南方仍具有一定的影響力。香港並沒有張天師廟，供奉張天師的廟宇宮觀則有筲箕灣譚公廟、飛雁洞、泓澄仙觀、清揚觀和玄門道派天鴻壇等，較奇特的是錦田的泰康圍圍門，內奉有一幅張天師大畫像，卻不知背後原因。香港承接打醮和喪事的喃嘸師傅，大都是正一派道士，採用的都是正一齋醮之法，正一派道士更組成「香港江西龍虎山嗣漢天師府正一派授籙弟子聯合總會」的公會，團結正一派在港的力量。

世襲的天師制度在中國傳承了一千多年，直到 1949 年新中國成立後，第六十三代天師張恩溥（1904—1970）隨國民政府遷台才出現變化。今江西龍虎山嗣漢天師府的住持張金濤（1964— ），雖然是張恩溥的親屬，但天師之位已不是家族世襲，而是由國家委任了。故此嚴格來說，自 1987 年張恩溥接掌龍虎山正一派開始，張天師的世襲傳統在內地已名存實亡；而張恩溥在台灣的接任人張源先（1930—2008），則在當地自稱為六十四代天師。張源先於 2008 年逝世後，第六十五代張天師傳人由誰出任再度備受關注。

地母（后土）

屯門藍地黃家園地母殿裏的地母娘娘。

地母是源於自然的神祇，也即后土，是古人相信天地陰陽配對而生出的產物。古人認為天上既然有天公主宰宇宙，便自然有地母掌控大地。后土在唐以前是男像，後來才出現女像造型，沿用至今。

後來，道教把地母納入神譜中，成為三清四御（這是道教神譜中的最高領導層）中的第四御，名稱是「承天效法厚德光大后土皇地祇」，這和民間宗教中的無上虛空地母或其他稱謂的地母，其實是同一位女神。

香港地母廟只有一間，就是藍田德田邨後山山頂的地母元君廟。長洲西灣永勝堂旁、觀塘茜草灣三山國王古廟、船灣岐山三宮廟和西貢孟公窩路藥師佛明堂均建有地母殿。藍地路口原有一座佛堂黃家園（住持名黃姑），屬先天道系統，內裏也有一座地母殿，後來佛堂改建成酒樓，地母殿便闢作雜物房，但神龕仍在。此外，葵涌九華徑的天真佛堂、坪洲悅龍聖苑、香港仔無名路的大王公公神龕、荃灣龍母佛堂、赤柱天后古廟、秀茂坪海角天后廟、牛頭角福德廟和油麻地觀音古廟等也有供奉地母的神像。民間有一本叫《地母經》的善書，講的是神話中的女媧娘娘，與三清四御的地母（后土）非同一神祇，不少人認為地母是女媧，其實兩者風馬牛不相及。

香港舊式的半月型墳墓，其背後多安有來龍和后土兩土龕，乃因民間信仰有后土主幽的傳說，民眾相信人死後，地母不單會保護墓地，更會派土地接死者遊地獄，待死者清除業障後才可轉世為人，所以按民間傳統會安后土神在墳背，以示對祂的恭敬。

廟宇　地母元君廟：藍田安達臣徑藍田公園

長洲地母殿：長洲西灣天后宮旁

茶果嶺地母殿：觀塘茶果嶺復康徑茜草灣三山國王古廟內

功能　問一般吉凶

誕日　香港廟宇會在農曆十月十八日慶祝地母誕日，但據《台灣民間信仰神明大圖鑑》所載，地母誕日卻是農曆十一月十八日；另外，《諸神誕辰》一書所記后土娘娘誕則是農曆三月十八日。

北帝

（玄山佛祖）

廟宇　海神古廟：大嶼山二澳新村
灣仔玉虛宮：灣仔隆安街
長洲玉虛宮：長洲北社街
玄關帝廟：流浮山輞井圍村尾

功能　求水上平安、擋煞

誕日　農曆三月初三

長洲玉虛宮的北帝像。這神像臉上有幾個像痣般的小孔，是以前黏鬍鬚的位置。

北帝，又稱玄天上帝、真武大帝或蕩魔天尊，是由星宿崇拜衍生化成的道教大神，祂原是代表北方星辰的雌龜和雄蛇，故合稱為玄武。北帝信仰自北宋起漸為道教吸納，成為主理北方的天神，後為避諱宋真宗（這有兩個説法，其一指避宋真宗所言的祖先趙玄朗之諱；其二是宋真宗曾改名玄休和玄侃，故需避諱），改稱真武。

北帝的信仰因明成祖信奉及在各地建廟祀奉而風行全國，各北帝廟宇均因為人民的崇信而香火鼎盛，變成道教中舉足輕重的神祇。

香港人常把北帝當作水神看待，因北方在五行中屬水，所以不少水上人或靠水生活的人都信奉北帝，大嶼山二澳新村有座海神古廟，祠奉的海神就是北帝。新界亦有不少圍村建北帝廟作風水擋煞之用，如粉嶺圍、輞井圍和週田村。香港的北帝廟

（部分稱作玉虛宮或玄天上帝廟）很多，灣仔近石水渠街玉虛宮內的銅鑄北帝像，是全港最大的北帝神像，為明萬曆年間製品，很有代表性。另外，長洲的玉虛宮在香港也很聞名，廟內有多尊北帝像，居中而坐的大北帝像是長洲鶴佬人由陸豐碣石玄山寺請來的玄山佛祖（海陸豐人多稱北帝為佛祖）；另有一尊放在大北帝像跟前左邊的小北帝像，來自上環太平山三十間（中環士丹頓街和鴨巴甸街交界俗稱三十間，因這裏以前有三十座房屋）的信眾，後來因事轉奉於長洲玉虛宮，自此長作寓公。相傳長洲善信為了一盡地主之誼，每年長洲太平清醮巡行，這位寓公北帝都會排頭位出行。目前，長洲每年都會演戲酬神賀北帝誕，同樣大事慶祝的，還有大嶼山梅窩的大地塘村北帝宮。

一般稍有規模的北帝廟，多會在北帝神座前兩旁各供有兩員大將神像，稱為四大元帥，以聽北帝的差遣。對於四大元帥的身份，較常見的說法是馬（馬靈耀，即火神華光）、趙（武財神趙公明）、殷（殷郊，即太歲）、康（康籍／席），流浮山輞井圍的玄關帝廟和灣仔玉虛宮就供有這組神靈。另外，也有一些北帝廟是配以一對金童玉女做北帝陪神的，男的叫周公，女的叫桃花女，藍田的玄天上帝廟和長洲玉虛宮就配有這對金童玉女組合。

九天玄女

大埔聖道正壇內的九天玄女像，一手托葫蘆，一手持塵拂，象徵醫治疾病與施法驅邪。

廟宇　青雲觀：屯門青山青山寺徑青山禪院
聖道正壇：大埔懷仁街二九至三三號六樓
南涌天后宮：沙頭角鹿頸路與南涌交界處

功能　捉邪治鬼

誕日　農曆二月十五日（觀塘茜草灣三山國王古廟以農曆六月初六為誕日；大埔聖道正壇以農曆八月初十為誕日；南涌天后宮以農曆八月二十三日為誕日）。

九天玄女這名稱是北宋以後才出現的，最初只叫玄女，本是中國神話中的一隻玄鳥（玄鳥乃黑色的雀鳥，有言即燕子）。傳說中，祂奉上天之命生了一個叫契的兒子，而這個兒子就是商代的始祖。後來，這隻燕子為道教所吸納，於是搖尾一變，成了一位法術高強、會教黃帝兵法的女神仙——玄女。黃帝戰勝蚩尤，玄女也被視為女戰神，開始給人崇拜。

九天玄女廣為人知，實拜中國四大古典小說中的《水滸傳》所賜，小說中有多個回目提到九天玄女如何在危急關頭義助宋江殺退追兵，使祂的正義女英雄形象深入民心，間接加強了祂在民間的認同。

道教中，九天玄女被傳是僅次於王母娘娘的神仙，最善於救急扶危。在廣東民間，祂也被視作送子的仙人，而線香業者也視祂為祖師。不少民間教派都有人自稱是九天玄女的童身，能助人捉鬼治邪。

香港並沒有玄女廟，但北角有一間福建人開辦的道堂——聖明壇，是以九天玄女為主神。而西貢孟公窩路有一間九天玄天義女堂，有傳其創辦人梁金是九天玄女的義女。另外，屯門青雲觀、大埔聖道正壇、南涌天后宮、荃灣廣東都城隍廟旁神龕都奉有九天玄女的塑像；至於其他的廟宇，祂的名字多與其他神祇並列，如梅窩桃源洞和筲箕灣譚公廟等。

廣播道的前亞洲電視大樓在 1998 年易手予封小平後，為了改善風水，在面向飛鵝山的廠房後門，安了一尊九天玄女像，含擋煞之意。筆者在大埔汀角村的神功戲神棚中也見過祂的名字，但不見立於村內的廟宇中，懷疑是村中的麒麟隊供奉。以其法術高強之故，香港不少神功弟子都會私下供奉九天玄女；而善麒麟或貔貅舞的師傅會把九天玄女神符貼到神物頭上，相傳是有震懾之用，免猛獸害人。

紫微

運

全港最大最漂亮的紫微像坐落在屯門三聖墟麒麟崗的三聖廟中。

廟宇　三聖廟：屯門三聖墟麒麟崗

功能　轉運

誕日　農曆四月十八日和十月二十七日兩天

紫微又稱紫微星，其實並非單指一顆星，而是一個星區，全稱為紫微宮或紫微垣，位處北天的正中央，擁有三十九個星座，著名的北斗七星、鉤陳六星和文昌星都在其中。紫微垣演化成神祇，源自民間對星宿的崇拜，因古人認為祂位於天空正中，是萬星拱照的宗主、帝皇的象徵，所以一直得到執政者尊崇。後來道教進一步將其神格化，説有中天紫微北極大帝主宰其中，為三清四御中的四御之首，有執掌天經地緯、呼風喚雨、使雷役鬼的能力。八卦鏡畫中見到的紫微神就含有擋煞消災的意思；賀神誕中的花炮山，其頂部一定紮有紫微星，以示吉星高照。

屯門的三聖廟內，有全港最大的紫微神像，據稱是當年建廟時，負責人特別由內地請工匠來港，按廟宇的面積，現場度身摶塑而成。這種度身訂造的神像在香港十分罕有，故此很有觀賞價值。另外，觀塘開往美孚的紅色小巴站，站頭也安有一塊紫微鏡，喻意萬事大吉、生意興隆，是其他小巴站頭罕見的（其他小巴站頭多供奉關帝，甚或車公）。

壽

北斗七元君

（北斗星君）

蓬瀛仙館內的北斗七元君繪像。這裏的北斗七星是七位女神，但同是道觀的深水埗青松仙觀卻把北斗七星繪成男性神靈，稱為北斗七元星君。

廟宇　蓬瀛仙館：粉嶺百和路六六號
筲箕灣譚公廟：筲箕灣阿公岩譚公廟道（近避風塘）

功能　求壽

誕日　農曆八月初三至二十七日（誕期）

北斗七元君是七位神祇的組合，在蓬瀛仙館、筲箕灣譚公廟和粉嶺藏霞精舍內都可看到祂們的圖像，民間一般視七位神祇為一體，統稱為北斗星君。牛池灣義仙佛堂所信奉的五師菩薩，其中一師就是北斗星君。潮州人的鬼節打醮，必在臨時醮棚供奉南辰北斗，北斗即北斗星君。筲箕灣譚公廟又稱北斗七元君為大聖北斗七元君，實即術家所言的天樞、天旋、天璣、天權、天衡、開陽和搖光等北斗七星（在道經中又稱為貪狼、巨門、祿存、文曲、廉貞、武曲和破軍）。

北斗信仰起源於先秦，後為道教吸納，視七位神祇為負責人類壽緣的判官，故人們希望身體健康，就會向北斗星君祈求。《三國演義》中孔明預知死期將近，向北斗禳星祈壽，就是由這份信仰而來。古代的道書指北斗七星為男性，而民間的北斗星君也是男道士打扮，但宮觀中的北斗七元君則以女性形象出現，或許與其稱謂有關（元君是道教稱呼得道女仙的專有名詞，例如天后元君、龍母元君、碧霞元君等等）。

天德、天赦

大埔崇心道德壇的天德（圖左）與天赦（圖右）。二神均作道童打扮。

廟宇　崇心道德壇：大埔公路大埔滘段（近松仔園）

功能　問一般吉凶

誕日　不詳

天德、天赦是指伴在太上老君旁的兩名小弟子，在香港鮮有人知道這兩名神祇的來歷。天德、天赦各有所司，天德童子負責帶書見玉帝，其神像手捧印璽，站在太上老君的右邊，是一名把民情上達的大使。而天赦童子則負責奉旨救世間，其神像手持令旗，站在師父太上老君的左邊，是履行玉皇大帝旨意的使者。筆者在本港只發現大埔公路松仔園崇心道德壇供有此二神，而潮州人辦的柴灣玄都觀，在香爐上只見兩者名字，卻不見其神像。

另外，民間有所謂天赦日，一年約有六日，在這一天，身患頑疾的病人可用百解衣抹床和抹身，用意除去噩運，以祈恢復健康，而塔門天后古廟便單獨奉有一座天赦像，惟不作童子打扮。

廣成子

廣成子信仰全港以大埔的省躬草堂最著名，此為廟內供奉的神像。

廟宇　省躬草堂：大埔舊墟汀角路二二至二七號
功能　問一般吉凶
誕日　農曆六月初六

在西晉葛洪的《神仙傳》這部道教神仙傳記中，廣成子為卷首仙人，後來被道教列為十二金仙之一。據《神仙傳》所記，廣成子是軒轅黃帝時代的仙人，住在崆峒山石穴中，軒轅黃帝曾兩次向祂求問長生之道。

在明代的《封神演義》中，廣成子經常和道教第三號人物太上老君出雙入對，並常與道教第一號人物元始天尊見面，故坊間有說祂就是靈寶天尊，其實兩者截然不同。

香港有不少道觀供奉廣成子，但以祂為主神的不多，大埔舊墟的省躬草堂是其中一間奉廣成子為主神的廟宇。

趙太子

趙太子是香港罕見的仙真，其中一間奉有此神的道觀，為爛泥灣的蓮鶴仙觀。

廟宇　蓮鶴仙觀：石澳道爛泥灣二一九號
元符觀：元朗大旗嶺村

功能　問一般吉凶

誕日　農曆正月初三

趙太子為香港罕見的神祇，來歷不詳，只知是茅山派上清宗的仙真，石澳道爛泥灣村的蓮鶴仙觀和元朗元符觀均有供奉此仙人。

據陶弘景的《洞玄靈寶真靈位業圖》所記，趙太子屬地仙，位居中茅君右邊第六位，名字下寫有服術者三字。位在祂前面的，便是傳説中的名醫扁鵲。

趙太子曾降乩蓮鶴仙觀以示身世，乩示自己壽齡八十二，是趙氏二十四代後人，跟孔子同是春秋時人。觀內道士認為趙太子是戰國時的趙國皇室成員，因曾得扁鵲替其治病而受啟發，入道成仙。每年趙太子誕日，蓮鶴仙觀均會請趙太子降乩，指點信眾迷津，令平日人跡罕至的仙觀人流大增。

三茅真君

廟宇　九霄觀：元朗八鄉錦上路石湖塘村六號A
元符觀：元朗大旗嶺村

功能　問一般吉凶

誕日　農曆十月初三

元朗大旗嶺村元符觀的手繪三茅真君畫像，三神都作文官打扮。

三茅真君為茅盈、茅固和茅衷三兄弟，西漢時人。相傳三人在江蘇句容之句曲山修道，由於常幫助貧苦大眾，三人得道後，百姓把句曲山改稱茅山，以紀念三人。後來茅山道法大顯，三人被視作開山祖師（江蘇茅山、江西龍虎山及閤皂山，為道教符籙派中的三大宗壇）。

在香港以教授神功為主的茅山法壇雖多，但多供奉茅山師主或茅山法主，而不是三茅真君。只有依循茅山宗上清道法的院觀才供奉三茅真君，當中包括八鄉九霄觀和元朗大旗嶺的元符觀等。上水天平山村內有茅山真心教神館，兼奉三茅真君的神像，這情況較特殊。

東華帝君

《三教源流搜神大全》內的東華帝君繪像。

廟宇　六合玄宮：大嶼山牛牯塱村大蠔河口畔

功能　問一般吉凶

誕日　農曆二月初六日、六月十五日及十月十六日。

東華帝君是道教神祇，但東華帝君的身份在道書中有兩種説法，其一是神話版本，指東華帝君即東王公，是西王母的丈夫，負責管理所有男仙的仙籍，為元始天王（盤古）和太元聖母的兒子，又叫扶桑大帝或木公。

另一個説法是東華帝君為漢代仙人，又名東華少陽帝君，原名王玄輔，號少陽，生於今山東省益都縣，相傳在夢中得太上老君傳《黃庭經》，被道教吸納為北宗五祖的第一祖，是正陽真人鍾離權的師父（參見「漢鍾離」條）。

香港以東華帝君為主神的道觀不多，大嶼山的六合玄宮為其中一間。

王重陽

全港最大的王重陽像位於青松觀正殿呂祖像旁。

廟宇　青松觀：屯門青松觀路二八號
聖道正壇：大埔懷仁街二九至三三號六樓

功能　問一般吉凶

誕日　農曆正月初四為王重陽飛昇日（死忌），農曆十二月二十二日為嶽降日（生日）。

王重陽（1112—1170）是全真派（又稱道教北宗）始創人，本名中孚，金代咸陽縣大魏村人，相傳為呂洞賓的弟子。他創立的全真派，對內地及香港的道教均影響深遠。時至今日，道教在香港大行其道，當中以全真派為大宗。

現時香港供有王重陽神像的道觀不多，其中青松觀供奉的王重陽神像為全港最大，大埔聖道正壇則有一尊較小的，其他如雲浮仙觀等都供有其神位。王重陽曾成為金庸小說《射鵰英雄傳》和《神鵰俠侶》的故事人物，其情節大都是九虛一實，不可盡信。

八仙

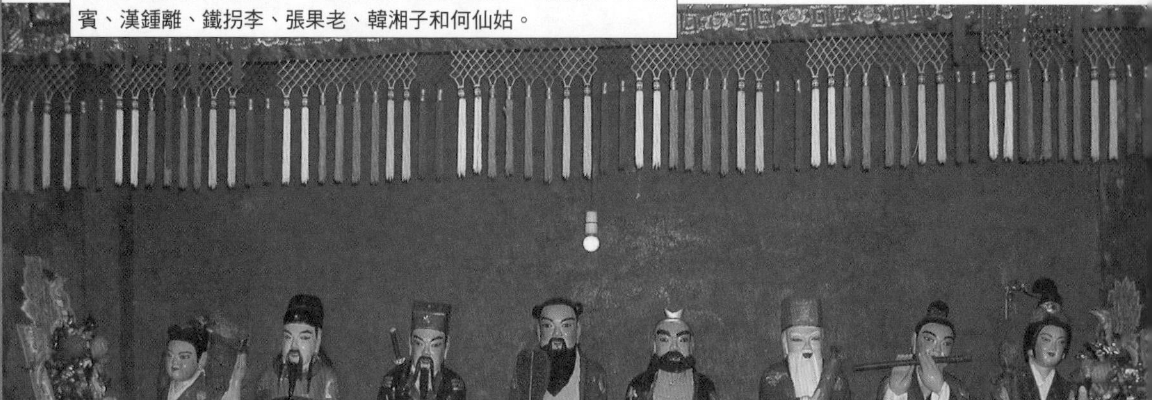

梅窩桃源洞的八仙神像，由左至右分別是藍采和、曹國舅、呂洞賓、漢鍾離、鐵拐李、張果老、韓湘子和何仙姑。

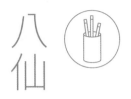

廟宇　天德宮：錦田八鄉大江埔村
梅窩桃源洞：大嶼山梅窩鹿地塘村四三及四四號

功能　問一般吉凶

誕日　農曆八月初八

八仙是道教的神祇，指的是八位中國古代的仙人，他們並非同時代的人物，而是給後人湊成組合，在元朝以後的道教神譜中大出風頭。除了經常在雜劇或話本中出現外，明朝的小說家吳元泰更以八仙為題材，創作了一部神魔小說《東遊記》，使八仙成為街知巷聞的神祇。

八仙指的是張果老、李鐵拐（鐵拐李）、韓湘子（有關韓湘子是八仙之說，勸善書《洞冥寶記》認為有誤，書中指出韓湘子才是仙人。原來韓湘子是韓湘子的從兄，因韓湘子有功名，較為世人所知，才出現換包事件）、呂洞賓、漢鍾離、曹國舅（有指為曹佾）、何仙姑和藍采和。

香港以八仙為主神的廟觀不多，且多以圖畫或雕像形式供奉。而其中有所謂暗八仙的，即以葫蘆（鐵拐李）、扇子（漢鍾離）、玉板（曹國舅）、荷花（何仙姑）、寶劍（呂洞賓）、洞簫（韓湘子）、花籃（藍采和）和漁鼓（張果老）為圖案，繪於殿樑或牆壁上，是以其神替代其形。八仙雖然常以整體形象出現，但香港也有廟宇個別供奉，如呂洞賓、鐵拐李、漢鍾離和何仙姑便是。

目前香港較具規模的八仙廟，有錦田大江埔的天德宮（地區人士稱為八仙廟）和梅窩的桃源洞，而屯門麒麟崗的三聖廟第二進左神龕、荃灣玉霞閣（廟內的八仙像在 2019 年由德恩善堂遷至）也供有八仙像。大埔的蓬萊閬苑就以獨特的方式供奉八仙，道堂並不是在神龕內供放八尊神像，而是在壇前經桌上擺放八幅手繪人物彩畫，傳是著名僧人幻空法師早年所畫，然後贈送給蓬萊閬苑，當中可見佛道兩教在香港融匯的情況。

另外，由獅子山公園上獅子山頂的小徑途中，在一塊巨岩之下，也有一間隱世的八仙廟，平日由義工打理，乃昔日木屋區居民建造。

李鐵拐

（李道明）

荃灣玉霞閣所奉的李鐵拐像栩栩如生。

廟宇　玉霞閣：荃灣象鼻山路二坡圳（石圍角邨對面山邊）

功能　醫治奇難雜症

誕日　有指為農曆七月初十，但香港潮州人多以農曆四月二十六日為誕日。

李鐵拐又叫鐵拐李，是八仙之首。香港的潮汕人辦的道堂多稱祂為李道明或李玄先師，相傳祂有醫治奇難雜症的本事。由於正史並沒有鐵拐李的資料，所以有關祂的來歷眾說紛紜。《中國民間諸神》一書指祂是經過較長時間的演變，由多個神仙傳說拼湊出來的人物，是從唐朝四川人李八百蛻變出來的神祇。而《八仙故事系統考論》一書則認為鐵拐李的形象出自宋初流傳的劉拐仙傳說，其後因受元雜劇《呂洞賓度鐵拐李岳》的影響，才姓李。

香港供奉李鐵拐的地方，有荃灣玉霞閣、慈善閣、觀塘物華街的明星善社、牛池灣義仙佛堂、呈祥道福德念佛社、柴灣玄都觀、金蘭觀、省善真堂、慈雲閣、秀茂坪普善佛堂（觀音廟）和順利邨的福德伯公廟等，信眾以潮汕人士居多。

漢鍾離

藍田玄天上帝廟內供奉的漢鍾離立像。

廟宇　抱道堂：北角書局街二三號美輪大廈十七樓
　　　玄天上帝廟：藍田啟田道九九號A（藍田分科診所旁）
功能　問一般吉凶
誕日　農曆四月十五日

漢鍾離是八仙之一，歷史上真有其人，原名鍾離權（鍾離是複姓），元時全真派奉祂為正陽祖師，列為北五祖之一（全真派北五祖分別是東華帝君、鍾離權、呂洞賓、劉海蟾和王重陽），傳說是呂洞賓的師父。

有關漢鍾離的資料，最早見於宋初作品，因此史家推斷他是五代（907—960）時人。另一說法指他本為五代後晉（936—947）將軍，因後晉和後漢（947—950）國祚相連而帝號又短，世人便視他為後漢人，於是就變成漢鍾離。

漢鍾離信仰在香港雖不及呂祖彰顯，但仍有不少廟堂供有其神像，如抱道堂和青松觀等。而藍田的玄天上帝廟旁，也附設一間漢鍾離仙師廟，由潮州人管理，內裏還有全港獨有的漢鍾離簽供善信求簽問卜。漢鍾離誕日是農曆四月十五日，同日賀誕的還有鐵拐李。

呂洞賓

中環通善壇的呂祖像，面容清癯，是呂祖像最常見的造型。

廟宇 青松觀：屯門青松觀路二八號

功能 問一般吉凶

誕日 農曆四月十四日（也有廟宇在農曆八月初四和八月二十二日賀誕）

呂洞賓（638—？）為道教神仙中最深入民心的仙人，也是八仙中的重要人物。祂的事跡散見於宋代的詩話筆記，但考其身世則資料紊亂，多數人認為他是河中府永樂縣人，本名巖，洞賓是其字，道號純陽，道壇多稱祂為孚佑帝君，全真教則稱呂洞賓為呂祖。

相傳呂洞賓是漢鍾離的徒弟，最遲在南宋時已有祂的專祠，可見祂在民間的影響力。明清的章回小說或戲劇都喜以祂為故事的主角，一如香港的電影把黃飛鴻神化一樣，無非是借題發揮，勸人盡忠行孝、積善除邪。

香港信奉呂祖的信徒極多，且大多數的道觀、道堂都奉呂祖為主神。北角寶泉庵和廈村靈渡寺雖是庵堂和寺院，但也因為不同原因而奉祀呂祖，可見道佛於民間已被糅合融匯，沒有清楚的界線。

何仙姑

南涌天后宮裏的何仙姑像。

廟宇　洪聖殿：大角咀福全街五八號
　　　南涌天后宮：沙頭角鹿頸路與南涌交界處
功能　問一般吉凶
誕日　農曆三月初七日（出生），八月初八日（得道）

何仙姑是八仙中唯一的女性，民間廣泛流傳她是廣東增城縣何泰之女，原名何秀（屏山金蘭觀特刊稱何仙姑本名何慧），唐武后時人，為呂洞賓的徒弟，現時增城小樓村還有她的家廟。

有關何仙姑的來歷眾説紛紜，最近期的説法認為何仙姑實是由多個地方的女仙傳説糅合而來，因呂洞賓渡女仙的傳説，起初沒有何仙姑這人，反而有一趙仙姑，懷疑民間以這位趙仙姑為藍本，塑造出何仙姑的孝女形象。

大角咀洪聖殿和南涌天后宮都供有何仙姑像；北角崇珠閣則供有一尊何仙姑的小瓷像。

丘處機

屯門青山青雲觀內的丘處機神像（左一）跟其他神祇一同受奉。

廟宇 萬德苑：大埔林村鄉梧桐寨村
青松觀：屯門青松觀路二八號

功能 問一般吉凶

誕日 農曆正月十九日

丘處機（1148—1227），字通密，道號長春子，為元代山東登州棲霞縣濱都人，他二十歲拜王重陽為師。王重陽共收有七名弟子，後世稱為七真，分別是馬鈺、譚處端、劉處玄、王處一、郝大通、孫不二和丘處機，其中丘處機得道最遲，但成就最高。王重陽死後，全真七子各奔前程，丘處機在隴州龍門山潛修七年，道行日深，跟隨者不計其數，後世遂有全真龍門派。

丘處機一生中最為人所傳誦的事，就是於元光元年（1222）在西域獲成吉思汗接見，勸導成吉思汗戒殺向善。他的弟子李志常編有《長春真人西遊記》兩卷，詳述其西行到西域的經過。

丘處機生前曾在北京白雲觀（古名天長觀）開壇說教，該觀至今尚存，是全真教地位超然的宗廟，相傳丘處機的遺體就葬在丘祖殿之下。香港道觀供有丘處機像的有萬德苑、青松觀、蓬瀛仙館和青雲觀等。

張三丰

相傳明朝開國大將李文忠（1339—1384）是張三丰的好友，其家裏世藏一幅張三丰的自畫像，彌足珍貴。松蔭園佛道社所奉的便是這幅張三丰自畫像。

廟宇　松蔭園佛道社：旺角登打士街四四至四六號恒隆大廈十三至十五樓

功能　問一般吉凶

誕日　農曆四月初九（出生），九月二十二日（得道）。抱道堂另有農曆七月初八誕日。

張三丰亦作張三峰，生卒年不詳，是道教和中國武術史上的傳奇人物，武當派和太極拳各派都尊他為祖師，但其生平資料蕪繁，真假難辨。有説他是明遼東懿州（今遼寧彰武西南）人，名全一，又名君寶，道號玄玄子，太祖賜號三丰。由於他為人不修邊幅，又號張邋遢。相傳張三丰元末時曾在陝西寶雞金台觀修煉，後入四川，期間在武當山結廬為居。由於張三丰聲名大噪，明成祖除了給他賜號外，還於永樂十五年（1417）在武當山大興土木，建造了一座規模宏大的道觀來紀念他，肯定這位武當派祖師爺的地位。

張三丰一生行蹤飄忽，不重富貴，是一位真正的修行者，所以深得世人的尊崇。香港供奉張三丰的道堂有旺角的松蔭園佛道社、北角的抱道堂和沙田排頭村的暢林園，而香港的太極拳館如香港太極總會和吳家太極拳會的會址都掛有他的畫像以示尊敬，但不作神靈供奉，部分太極拳館每年仍會舉行祖師誕宴會。

黃大仙

（附：哆哆婆娑訶菩薩）

旺角華仙松館裏的黃大仙畫像。

廟宇　赤松黃大仙祠：黃大仙竹園邨二號（黃大仙鐵路站B2出口）

黃大仙元清閣：九龍呈祥道地段六四四九號

功能　問一般吉凶

誕日　農曆八月二十三日

黃大仙（328—？），原名黃初平，又名赤松子，浙江省金華縣蘭溪人。據東晉葛洪著的《神仙傳》所記，黃大仙少年時是個牧羊童，後到金華山赤松山石室中修煉，闊別人間四十多年後得道成正果，懂叱石成羊的仙術。由於他隱居赤松山，故被稱為赤松黃大仙。

黃大仙信仰在二十世紀初由廣州傳來香港，之後逐漸成為香港家喻戶曉的神祇，香港主奉黃大仙的道觀有嗇色園赤松黃大仙祠和黃大仙元清閣（潮籍信徒為主），另有不少廟宇道堂都兼奉黃大仙，但一般只見畫像；而在家中敬奉黃大仙的善信，更是不計其數。

每年的黃大仙誕日，嗇色園便人山人海，名為發強體育會的武館每年都會派百人龍獅隊到嗇色園賀誕，是目前全港最大型的黃大仙誕花炮會。官涌和牛頭角區的地方組織也會設臨時神壇賀誕，官涌更會搭建大花牌慶祝，但近年已經相繼停辦。此外，香港商人頭腦靈活，不少金舖都會以「既可保值又可保平安」口號，招攬善信參加黃大仙金會，以每月供款的形式供會，在黃大仙誕日善信聚餐後，便可取回供滿之金飾，這可説是香港黃大仙文化的一大特色。

黃大仙元清閣除以大仙為主神外，還兼奉祂兩名弟子——張禹和王章；前者誕期為農曆七月十四日，後者為七月二十七日。

內地很多研究香港文化的作者，經常誤把羅浮山的黃野人説成是香港人篤信的黃大仙，香港的傳媒或書籍已多次澄清兩者的分別。

黃大仙信仰在香港曾鬧過一場黃大仙菩薩的風波。有説上世紀二十年代末，善信黃德煒為虔誠的黃大仙信徒，經常扶乩問事，誰知一次黃大仙降乩説世風日下，唯有佛法才能挽救民心，更言祂的真正身份是哆哆婆娑訶菩薩，吩咐黃君等一眾信徒結束乩壇，改為學佛。後來，黃君等人組成哆哆佛學社，轉到大埔區活動，如今碗窰樊仙宮旁的荒廢校舍上，仍有哆哆佛學社堂的名稱，是紀念佛社在當年捐錢興建校舍之事。

白眉先師

《至寶真經》中的白眉先師繪像。

廟宇　青松觀：屯門青松觀路二八號

功能　問一般吉凶

誕日　農曆六月初六。玉清別館以農曆四月十八日為誕日。

白眉先師又叫白眉真人，是道教神仙。據《至寶真經》一書所載，白眉先師生於 1738 年農曆六月初六，姓白名忠，天生白眉，於是以白眉為號。由於他天性好武，力大過人，父母死後家道中落，便跑去從軍，三年後在廣東得靈猴烏猿點化，脱胎成仙，時為農曆三月初二日寅時。後奉玉皇大帝之命鎮守西樵山一帶，免山中老虎橫行害人。

後來白眉先師在西樵白雲洞參拜呂祖為師，之後四出宏揚道教，被稱為代師。香港供奉祂的道觀有青松觀和玉清別館。編集乩文經書《至寶真經》的至寶台是戰前廣州一間極有名的道堂，主奉呂祖，後來部分信眾南移到香港石塘咀設立分堂，影響香港道教發展頗鉅，道堂今已遷往炮台山。另外，武術門派的白眉派亦將白眉先師看成創派祖師。

黃石仙師

慈雲閣的黃石仙師像。

廟宇 慈雲閣：慈雲山慈雲山道一五〇號（基慈小學旁）

功能 問一般吉凶

誕日 慈雲閣於農曆四月初十賀誕；民間一般選在三月賀誕。

黃石仙師即《史記．留侯世家》所提到的黃石公，秦漢時人，又稱圯上老人。秦末亂世，祂隱居東海下邳。其時張良因刺秦始皇失手，亡命下邳，在下邳橋上遇到黃石公。祂三試張良的恆心毅力後，認為孺子可教，便將秘藏的《太公兵法》傳授給張良，助張良以兵法輔漢破秦。黃石公相約張良十三年後在濟北穀城山下見面，屆時山下會有一塊黃石，那就是祂了。及後張良依言於十三年後到穀城山尋覓恩師，果然發現一塊黃石，知是仙人化身，便建祠奉祀，礙於不知其名，便稱祂為黃石公。在東晉干寶（？—336）所著的《搜神記》中，就記有黃石公祠的存在，可見早在四世紀前，民間已有人公開拜祭黃石公，其後祂輾轉為道教吸納，遂由民間石靈化身成為大羅金仙。

黃石仙師信仰在香港不彰，只有少數神功法門奉有此神，但只見名字，不見神像；慈雲閣應是香港唯一供有其神像的廟宇。

王靈官

（靈祖）

王靈官手執鋼鞭，腳踏風火輪，三眼赤髯，威武非凡。圖中所見為通善壇王靈官的造型。

廟宇　各道觀均有奉祀

功能　捉鬼治邪

誕日　王靈官的誕日有多個說法，香港的道觀皆在農曆六月二十四日賀誕，而上環文武廟卻在農曆六月二十七日賀誕。

王靈官又稱王天君，原名王善，北宋人，其身份來源雖有多個説法，但其由來肯定跟宋徽宗時的名道士薩守堅有關，一説祂是薩守堅的徒弟，一説祂是被薩守堅收服的地方邪神。到了明朝，祂被奉為天將，明成祖更封祂為二十六天將之首。在明小説《西遊記》中，孫悟空大鬧天宮，打遍眾天將無敵手，但打到通明殿時遇到王靈官卻不分高下，可見王靈官在民間的印象是何等威猛！

其實在道教信仰中，王靈官並非大神，而是一名受上級差遣辦事的小護法。靈官在道教中即護法、保鑣之意，舉凡香港道觀都在正殿大門處奉祀王靈官的小神像或畫像，以為侍衛，阻擋一切妖邪入侵，其角色一如佛寺的守護神韋陀。圓玄學院稱祂為靈祖大帝；上環文武廟雖不是道觀，但也在正殿神龕前供有一個三眼王靈官立像；大澳關帝廟亦如是。

女媧

大角咀洪聖殿內的女媧像。

廟宇　洪聖殿：大角咀福全街五八號
寶泉庵：北角英皇道三一五號麗宮大廈四字樓
黃泥涌北帝譚公廟：跑馬地藍塘道九號

功能　求姻緣、人緣

誕日　農曆九月十五日。也有指是正月初七；寶泉庵為五月初九。

女媧是中國神話中的創世人物，民間有很多關於女媧的傳説，在三皇傳説中，祂與伏羲和神農並列。相傳女媧姓風，為伏羲氏之妹，人頭蛇身，她摶土為人，製造了人類，所以被後世尊為母親神。此外，她煉石補青天，阻止天降豪雨，民間在農曆正月十九日便有補天穿習俗（傳統上天穿日是休假日，客家人認為不論家境貧富與否，必須在天穿日休假）來紀念祂。在這一日，新界的本地村（圍頭村）會扒天機船慶祝，惟近世已式微。

很多香港人不知道有人供奉女媧，其實在大角咀洪聖殿、跑馬地的黃泥涌北帝譚公廟和北角寶泉庵（稱女媧為媧皇元君）都有供奉神像。而在澳門草堆街的女媧廟，原本只得一座神位，直至 2004 年才由台灣添了一尊新的女媧神像在廟內供奉。如今一般拜女媧的善信都是以求姻緣為主。

天后

香港的天后像數以百計，造型一般都是慈祥端莊的中年婦人（近年內地有人認為天后既然是少女得道，沒理由把祂塑成婦人模樣，遂出現不少年青版的天后像）。圖為蒲台島天后廟傳統版的天后像。

天后是香港人最尊敬及熟悉的女海神。昔日香港水上運輸頻繁，靠水為生的人都希望得到天后的眷顧，於是紛紛建廟奉祀，所以全港有超過一百間大大小小的天后廟。福建和台灣人都稱天后為媽祖，香港的水上人、圍頭人和客家人則稱祂為阿媽（媽讀「馬」音）；香港有部分廟宇稱天后為天上聖母。天后座前有兩對護法，一對是千里眼和順風耳，另一對是望海和朝江，祂們都是神魔小説裏的精靈，天后收服祂們後，便成了廟裏的侍衛。

香港的善信對天后的稱謂有一個有趣現象，就是喜為天后冠上地區名，以顯示其源流。銅鑼灣避風塘的天后神艇在香港雖已有數十年歷史，但因神艇內的天后像來自珠江海口一個名為三角島的地方，人們便稱祂為三角天后；而塔門天后古廟有一個來自沙頭角鹽田的天后像，所以就成了鹽田天后；屯門三聖墟的三洲天后則來自台山上川島的三洲塘。

另外，長洲西灣天后宮內的危洲天后，其得名背景亦大同小異。危洲是伶仃洋（近珠江口一帶海面，原名隘洲）的一個荒島，上面原有一間小天后廟，平日只有港珠兩地漁民上島參拜。二十世紀九十年代末，由於島荒人稀，天后廟乏人打理，長洲的水上人便索性把廟內的天后像接到西灣天后廟的右龕安身，因而得名。

天后誕是香港最盛大的神誕之一，不少廟宇都以花炮會或打醮的形式來賀誕，至於一般信眾來參加賀誕時，普遍會買一個紙製的天后衣箱參拜，衣箱內有天后冠和神袍等祭品，價錢約為數十元。

廟宇
佛堂門天后古廟：西貢大廟灣
長洲西灣天后宮：長洲西灣友堂路
青山三洲媽廟：青山三聖墟麒麟崗公園旁
石澳天后古廟：石澳村三三三號
蒲台島天后廟：蒲台島大灣

功能
求水上平安，求漁穫

誕日
天后誕雖是農曆三月二十三日，但為方便善信賀誕，部分地方廟宇的誕日會有所不同，例如長洲西灣天后誕會在農曆三月十八日賀誕，稱為頭誕；大澳新村、青衣、赤鱲角（今東涌）、青山三洲、西貢和分流的天后廟則在農曆四月賀誕。到了農曆五月，吉澳天后廟和銅鑼灣避風塘神艇便會安排賀誕；及至六月，就到沙洲天后廟和坪洲天后廟賀誕；最後，到了農曆十月仍有石澳天后宮的壓軸賀誕。

文昌帝君

廟宇　泰亨鄉文帝古廟：大埔泰亨鄉天后宮旁
悅龍聖苑（龍母廟）：坪洲東灣志仁街一五號地下
蒲台島天后廟：蒲台島大灣
通善壇：中環威靈頓街七五至七七號三樓
上環文武廟：上環荷李活道一二四號

功能　求讀書功名

誕日　農曆二月初三

三聖宮是粉嶺彭氏的家廟，內奉文昌神，意為祈求子孫讀書有成。

文昌帝君又稱梓潼帝君，舉凡世間一切有關功名仕途之事都由祂來管理，所以自古以來均受到士人學子的吹捧和愛戴。

文昌星原是指北斗前（一說北斗之左）文昌宮內的六粒星，六星分別為上將、次將、貴相、司中、司命和司祿，六星各有職能，其中司祿星主管功名，於是人們漸漸把它看成是其餘五星的代表，文昌宮漸漸演化為功名宮。

後來，文昌信仰為宋元時一些道士借用，把盛行於四川梓潼縣的蛇神張惡子（後作張亞子）的事跡硬湊進去，說張惡子就是文昌神下凡，稱為梓潼帝君。於是梓潼與文昌便二合為一，成了今日文昌帝君即張惡子的說法。嚴格來說，兩者毫無關係。文昌由星宿變成天神，地方小神張惡子成了大神，其神格的升降不過是一場拼貼遊戲。而文昌帝君之所以聲名大噪，主要得助於唐玄宗及唐僖宗入四川避亂時，曾祭祀過祂；加上元朝仁宗皇帝敕封祂為輔元開化文昌司祿宏仁帝君，便促成了文昌信仰。

香港奉文昌帝君為正神的只有泰亨鄉的文帝古廟，很多廟宇都是兼奉文昌或文武二帝並祀的。坪洲的悅龍聖苑和蒲台島天后廟就兼奉文昌神；中環通善壇則以觀音、關帝、孚佑帝君（呂祖）和文昌帝君四神合一，尊稱為「慈尊三帝」。

現時每逢新學年開始，仍有不少父母帶同子女到文武廟參拜文昌帝君；上環文武廟的文昌帝君座前有一支文筆，善信到廟參拜時會讓子女摸摸文筆，祈求子女學業進步，聰明伶俐。另外，新界圍村的神廳也常見文昌的名字，一般稱為九天開化文昌帝君，反映出古時農村重視讀書功名的現象。

文魁星

屏山聚星樓的魁星像。魁星像放在高處，有文星高照之義，但市民大眾現時已不能進入聚星樓。

廟宇 大埔文武二帝廟：大埔富善街五三號

泰亨鄉文帝古廟：大埔泰亨鄉天后宮旁

三聖廟：屯門三聖墟麒麟崗

功能 求讀書功名

誕日 農曆七月初七

文魁星是主宰文運興衰的道教神祇。文魁星信仰大盛於宋代，學宮都奉有文魁神像，但原來文魁這名稱，竟是擺了一個積非成是的烏龍而來。

古人對文魁星的來歷有兩種說法，一指其為北斗七星中成斗形的四顆星；另一種說法認為祂是北斗七星的第一顆星，但無論哪種說法，其實跟文運都沒有關係。反觀二十八宿的白虎七宿，其首宿奎（與「魁」同音）的十六粒星屈曲相鉤，一如文字之象，故又稱為文曲星，所以《孝經·援神契》有奎主文章之說。如此一來，謎底就揭開了，原來歷代士子不求甚解，誤以奎為魁（這可能因魁字有首位之意，士子考取功名無非是想爭第一，於是一廂情願的接受了魁字）。其後積非成是，就成了文魁星了。古往今來的讀書人參拜祂是一心求學問，誰知連名字錯了也不知道，真是一大諷刺。

香港並沒有專奉文魁星的廟宇，一般只作副神供奉，如大埔文武二帝廟和泰亨的文帝古廟都有供奉祂的神像。另外，屏山的聚星樓二樓（現已不能進入）、新田東山古廟魁星閣（按：該閣於 2015 年被拆，魁星像移放殿中）、大井吳屋村圍門閣樓、錦田二帝書院和屯門麒麟崗的三聖廟都供有魁星像。若論神祇的造型，屏山、新田和吳屋村的魁星像雖小，然外形古樸，彌足珍貴；三聖廟的一尊神像則最大最生動，值得一看。

筆者在參閱《元朗文物古蹟概覽》一書時，發覺在東山古廟一條中，說廟內供有雷神，我看是搞錯了，或許是兩者外形相似，故才把魁星誤記為雷神吧！

李淳風

（六壬仙師）

廟宇　淳風仙觀：荃灣石籬邨石梨坑金山頂

功能　捉鬼治邪

誕日　農曆三月十八日（農曆六月二十二日為忌日）

石籬淳風仙觀內的李淳風像，為供奉六壬仙師諸壇或廟宇中最大的神像。

李淳風（602—670）是一位天文學家和數學家，籍貫陝西岐州鳳翔縣（今西安），為唐太宗時的太史令。由於他精於陰陽術數之學，後世傳言他能知過去未來，更著有《推背圖》和《藏頭詩》等預言詩文傳世，人稱六壬仙師。

六壬是術數的一種，古人認為五行中以水為重，十天干中壬為陽水，而六十甲子中，壬共出現六次（子、寅、辰、午、申、戌），故名六壬，意即有未卜先知、通天徹地之能。香港供奉六壬仙師的地方多是教習神功法門的私人道壇，民間習六壬神功的道壇均視李淳風為祖師。這些道壇一般只設神位，不立神像，但也有例外，如荃灣石籬邨山上的淳風仙觀，就奉有一尊李淳風神像，神像作文官打扮，甚為罕見。屯門青雲觀於 2009 年重修後，也多奉了一尊李淳風像。另外，佐敦住宅區內一間仙館奉有一位六壬仙師，作道人狀。據館主言，此六壬仙師不是李淳風，而是宣化真君，為天地未開之前已存在的先天神，兩者不可混為一談。

黃龍真人

（附：雲城七聖）

廟宇　藏霞精舍（不對外開放）
功能　問一般吉凶
誕日　農曆八月十五日

粉嶺的藏霞精舍奉有雲城七聖（下層左一）。

黃龍真人是道教神祇，據《梧桐山集》所言，黃龍真人是崑崙闡教教主的弟子，常助廣成子降乩。另外，在小說《封神演義》中，祂是十二金仙之一，曾助姜子牙大破十絕陣。

香港道教支派之一的先天道，在粉嶺的道觀藏霞精舍，正殿供有七位天神，曰雲城七聖或藏霞七聖。黃龍真人是七聖之一，其餘六神分別是玄天上帝、文昌帝君、關聖帝君、孚佑帝君（呂祖）、觀音古佛和主壇真人（每個有扶乩活動的道壇都供有不同的主壇真人，故不限定何神，屏山金蘭觀就簡單的稱作乩神）。除此廟宇之外，香港鮮有供奉黃龍真人的廟宇。

茅山師主

香港並沒有茅山師主的神像，信奉者多是安設如圖中的神位。

廟宇　神館（不對外開放）
功能　捉鬼治邪
誕日　農曆三月初三

茅山師主是廣東五華胡法旺茅山派信徒對古代一位不知名開教祖師的代稱，傳説這位祖師傳功予胡法旺（廣東茅山派的開山祖師），使茅山術得以傳入五華，繼而大盛於廣東客家社區及東南亞。香港沒有專奉茅山師主的廟宇，供奉茅山師主的地方一般都是教授神功的神館。每逢茅山師主誕日，神館除了舉行拜神儀式外，有的還會到酒樓設宴賀誕。

胡法旺

大欖涌胡屋胡法旺公祠內的神位，內奉胡法旺公及其兩位夫人。

廟宇　胡法旺公祠：屯門大欖涌村
功能　捉鬼治邪
誕日　農曆八月二十四日

胡法旺（1394—1481）本名肇基，諱湼，法旺是祂的法名，為茅山師主所賜。胡法旺是廣東五華縣雙華鎮下湖寨人，娶妻柯氏、黃氏和蔡氏，為當地胡氏五世祖，今仍有祠堂一座存世。相傳胡法旺年輕時曾往江蘇句容縣茅山學法，同行還有張法青和廖百二郎（廖法師），後因他不怕污穢，為師父吸去背上大部分濃瘡而功力大增，法力為各人之冠，並把茅山法帶回廣東開枝散葉，稱胡家教。據族譜記，胡法旺曾為國立功，明代宗朱祁鈺在位時曾敕封他為護國法師，欽賜朝衣閣帽。胡死後成為五華的地方神祇，是茅山法在廣東的始祖。

茅山法除在五華盛行，隨着子孫繁衍，其信仰在惠東的客家村鎮也很普遍，鄉間多建有祠堂供奉祂，這些祠堂更成茅山學堂。祂的弟弟胡澄有一支後人在清朝初年移居新界八鄉馬鞍崗村，後再分支到大欖涌村，村中建有全港唯一的胡法旺公祠，村民每年都在祠內慶祝神誕。

胡秀華

香港供奉胡秀華的神壇或神館以畫像居多，如圖中所見的神像較罕見。此像為元朗十八鄉棠下胡秀華師公廟內的胡秀華神像。

廟宇 胡秀華師公廟：元朗南坑村大樹下西路紫竹林觀音堂旁
蓮鶴仙觀：石澳道爛泥灣二一九號
元符觀：元朗大旗嶺村

功能 捉鬼治邪

誕日 農曆八月二十三日或農曆五月初四。茅山法主誕日是農曆八月初八或農曆十月初三。

胡秀華是明朝人，文武雙全，年輕時帶藝投師，曾拜入廣東茅山派第二代行教張懂博道士門下，成為第三代行教，後創真心教，被尊為茅山法主。

胡秀華的一生十分傳奇，盛傳他曾移居南洋，並與當地的降頭巫師鬥法，使降頭邪術不能入侵南中國。有説他與降頭巫師鬥法時，由於處於下風，危急時想翻閱茅山符書（一説為乾坤袋），符書卻被降頭巫師打進水中，幸得白鶴和鯉魚之助，把符書送回，才轉敗為勝，真心教的傳人也因此一生戒吃鯉魚和鶴，以示未敢忘恩。元朗棠下有一間胡秀華師公廟，內裏奉有其神像。

港島大潭爛泥灣的蓮鶴仙觀和大旗嶺元符觀均供有胡秀華畫像；而一般茅山神壇則只多見祂的名字。有傳胡秀華愛吸旱煙，故每逢誕日，其信徒都以煙絲供奉祂。昔日牛頭角村有茅山師傅賴阿帶，乃是胡秀華的童身，助人問事解厄頗得時名。

至大至尊

創立天啟道，與至大至尊通神的盧家炳道長（亦是著名古琴家）及其太太之墓。

廟宇　心齋研道會：九龍何文田梭椏道二五號二樓

功能　驅疫治病求健康

誕日　心齋研道會以農曆十一月某星期日為酬神日。

由於至大至尊這神沒有神相，也沒有神像，因此其信眾以一個象徵天、地、人三才的符號來表示這神。1935 年，本為基督徒的盧家炳在廣州得神靈感召，學得道法和醫術，創立與道教頗有淵源的「天啟道」。由於該神無名無相，無始無終，盧氏便稱其為「至大至尊」。

及後盧家炳南下香港，在屏山設壇傳教，至大至尊信仰遂移植本土。二十世紀七十年代中，盧氏弟子李一覺受師命，在市區另創「心齋研道會」傳教。據李會長言，至大至尊非佛非道，是跳出世俗人所謂宗教的神靈。

城隍

油麻地眾坊街的城隍廟為香港最知名的城隍廟，廟宇香火鼎盛。2015 年城隍廟失火，全廟神像盡毀，獨剩此城隍像。

廟宇 油麻地城隍廟：油麻地廟街眾坊街
筲箕灣城隍廟：筲箕灣金華街

功能 賞善罰惡

誕日 農曆五月十一日。嗇色園於七月二十四日賀誕。城隍寶殿的誕日則是農曆五月二十八日。

城即城牆，隍即護城深溝，城隍本指護城的建築物，但古人流行庶物崇拜，既然門有門神，井有井神，牽連全城老幼性命的城垣又豈可無神？所以城隍一詞就成了保護城市的神祇名字（鶴佬人稱城隍為正直老人）。

中國最早的城隍廟相傳在三國時代已有，隋唐以後城隍信仰逐漸流行，到宋代在各地大行其道，廣東著名的東莞城隍廟就是宋朝之物。到了明代，城隍崇拜達致極盛，明太祖朱元璋執政後，按國家行政將城隍分等級敕封，以管理地方的大小事情。城隍所以有地域之別，是統治者利用民間神靈崇拜治國的慣用技倆，把現世的官僚架構捧到神靈世界中，借助神權使人知畏而不敢妄為。

城隍除了是一城的守護神，在隋唐時代，更發展成為陰間的司法官。這種改變後來給道教吸收，成為對抗佛教地獄閻王信仰的工具，正是你有閻王地藏，我有各府城隍。民間一般道佛不分，也不理神祇的職司互有抵觸，在道教的城隍廟內除了設有鬼差判官外，也奉有源於佛教的十殿閻君，各路冥神共冶一爐，好不熱鬧。

香港以油麻地和筲箕灣兩間城隍廟較具規模，油麻地天后古廟列聖神牌中有「廣東主宰都大城隍」之名，是沿用廣州神廟的舊稱，那個「都」字應是廣東省會之意。荃灣廣東都城隍廟、藍地南安佛堂城隍廟和秀茂坪捷勝城隍廟，都是二十世紀六十年代來港的海陸豐人士所建，歷史較短，規模也小。另外，荃灣由龍母佛堂所建的廣東都城隍廟和黃泥涌北帝譚公廟範圍內的天后廟也供有都城隍，亦即廣州城隍。以前中環太平山區本有一間城隍廟，拆卸後政府為了紀念這間廟宇，將附近一條街命名為城皇街，卻把「隍」字寫成「皇」字。

北角有一間設於多層大廈內的城隍寶殿，此廟於 1997 年由福建石獅的移民創立，稱城隍為忠佑侯，信眾清一色是福建晉江、石獅一帶的移民。城隍寶殿會於每年農曆的五月二十八日賀誕，賀誕期間會辦一場小型巡遊，讓城隍老爺出外巡遊抖抖氣，但巡遊並非每年舉行。荃灣廣東都城隍廟則會在農曆七月二十四日賀誕，以便同時為鬼節燒衣。

軒轅黃帝

黃帝祠內的軒轅黃帝像已沒法找到絲毫部族領袖的影子。

廟宇　黃帝祠：粉嶺沙頭角公路龍躍頭段一八號
功能　問一般吉凶
誕日　農曆三月初三

軒轅黃帝即我們常說的黃帝，儒家經典常吹捧軒轅黃帝，把祂塑造為道德的化身，而梁朝陶弘景撰的道教經典《真靈位業圖》，更把軒轅黃帝拉入群仙之中，讓祂成為道教神靈的一份子，兩種說法都將軒轅黃帝的真面目棄於九霄雲外。其實，軒轅黃帝一未讀過聖賢之書，二不修仙學道，據史家如錢穆等的考證，他及其族人只是一個遊牧部落，茹毛飲血，初期活動範圍是現今的河南省中部，逐漸又拓展到山西南部和陝西邊境。後來，他跟代表南方文明的炎帝（參見「炎帝」條）展開了一場血腥的地盤大戰，結果炎帝敗陣，軒轅黃帝一統天下，最終被後世捧為中華民族的始祖。

相傳軒轅黃帝死後葬在橋山（今陝西黃陵縣以北），後人遂在當地建黃帝陵，歷代帝君每歲均會祭奠黃帝，以資紀念。而抗日戰爭後，每年清明節，地方政府都會在黃帝陵舉行祭祀儀式，以表達慎終追遠、尊崇始祖的孝思。

粉嶺的黃帝祠（本名軒轅祖祠）是香港唯一以供奉軒轅黃帝為主神的廟宇，黃帝左右兼奉孔子和炎帝，代表着中華文化的根源。黃帝祠每年都會舉辦祭祖大典，但由於廟宇有着神龕及祖先靈位買賣的商業背景，總覺大典的商業宣傳味太濃。另外，泓澄仙觀也供有黃帝像。

驪山老母

（梨山聖母）

廟宇

純陽仙洞：堅尼地城德輔道西四四四至四五二號香港工業大廈二十一樓F室

樂富天后聖母古廟：樂富邨樂民樓山邊德美山一號A

玄天上帝廟：藍田啟田道九九號A（藍田分科診所旁）

茜草灣三山國王古廟：觀塘茶果嶺復康徑

功能

驅疫治病求健康

九龍城大長隴萃渙堂內所奉的驪山老母畫像。

驪山老母這神在本地有多個名稱，分別為尼山、梨山和黎山，指的都是同一女神。驪山老母的原型出自《史記》中的酈山之女，她本是一名氏族的女酋長，但到了唐宋後，就進化成為一個深不可測的女神。宋《歲時廣記》曾援引《集仙錄》說祂是一個熟悉黃帝《陰符經》兵法的老婆婆，更在驪山（陝西臨潼縣東南）山腳為慕道的李筌送上幾升麥飯充飢，使李筌吃後終生不餓，一如得道仙人。

道教吸納驪山老母為教內女神是宋以後的事，最初其信仰不彰，後能聞名天下，首拜《西遊記》這本明代章回小說所賜，小說內的梨山老姆（驪山老母）被說成是打救唐僧師徒的大仙人，角色討好，教人印象深刻。到了清代，《薛丁山征西》這本講史小說更進一步將祂神格化，把祂說成是女英雄樊梨花的師父，既深曉韜略，又法術高強，更能起死回生，使祂益加受平民百姓尊崇。

民間一般視驪山老母為醫藥之神，西環的純陽仙洞就供有梨山聖母，一些神功法門的列聖神牌也有祂的名字，但都只作副神供奉。樂富天后聖母古廟、茜草灣三山國王古廟、藍田玄天上帝廟、九龍城春暉善社天運行壇和旅港大長隴鄉萃渙堂均有供奉驪山老母，其信仰在港以潮汕人士居多。

誕日

眾說紛紜，純陽仙洞是農曆八月初八（又有人說是六月十三日，或七月十二日），茜草灣三山國王古廟則是五月十八日。旅港大長隴鄉萃渙堂陳氏族人以八月二十八日為老母誕。

玄壇伏虎趙公元帥

（趙公明）

廟宇　玄壇爺廟：糧船灣白腊村海灘最左處
玄壇古廟：大嶼山東涌石門甲村石門甲道

功能　擋煞消災、求財富

誕日　農曆三月十五日

白腊村玄壇爺廟內的趙公明神像。

玄壇伏虎趙公元帥是道教神祇，原名趙公明，執鐵鞭騎黑虎，形象威猛異常。祂在民間擁有兩個身份，一是鎮煞驅邪的將軍，二是武財神。有關祂的傳説在晉朝干寶的《搜神記》中已有記載，但祂最初只是一名專門指使鬼魂害人的冥神和降瘟大地的瘟神，跟後來賜財消災的形象可謂大相徑庭。

趙公明改邪歸正是元、明以後的事，相傳祂因看守張天師的煉丹爐有功，被玉皇大帝封為正一玄壇元帥，洗底後成為道教四大護法神之一（參見「北帝」條），其手下的六毒大使可抵御天、地、年、月、日、時各煞，於是祂便一躍成為民間抗衡各式無形煞氣的神祇。

祂成為財神之一，則要拜《封神演義》所賜，因小説指祂手下有進寶天尊、納珍天尊、招財天尊和利市仙官等四位財神，於是主憑僕顯，民間就把祂視作財神爺看待。

目前全港只有兩間玄壇廟，一間在糧船灣白腊村，一間在東涌石門甲村；鴨脷洲近海怡半島海邊有一大王宮廟，雖名為大王宮，但據當地人説，廟內所供奉的其實是趙公明。至於輞井圍玄關帝廟的玄壇伏虎趙公元帥在該廟雖作二帝的侍從看待，但立像如人般高大，很有看頭。

屯門陶氏家族的三聖宮，以洪聖大王、楊侯大王和玄壇伏虎趙公元帥為三聖；有傳三聖宮之所以安奉趙公明，暗含克制對面山的一穴山墳【虎地】（今富泰邨後）煞氣有關，因趙公明是打虎之神也！

三義君

（附：劉備、關羽、張飛）

中環和安里的三義君廟。

廟宇　三義君廟：中環和安里
劉備廟、張飛廟：筲箕灣愛秩序村四二二七號地段

功能　問一般吉凶

三義君是民間俗神組合，有指即《三國演義》中的劉備（161—223）、關羽（160—219）和張飛（？—221）。由於三人在民間向以義氣見稱，於是便專稱他們為義君，這個稱呼在潮汕地區最為盛行。香港只有一間三義君廟，地點在中環和安里，廟內奉有三塊石頭，但長年用紅布包裹着，令人難窺其真面目，也為此，當地另有傳言，說三石是代表昔年為撲熄區內大火而犧牲的三位勇士，因其義氣可嘉，堪比三國時的劉關張，遂尊稱三義君。劉、關、張三人雖然名垂千古，但香港鮮有同時供奉三人的廟宇，除了和安里的三義君廟外，只有吉澳島的三聖廟同時供奉劉、關、張。

三義君當中，民間對關羽（關帝）最為崇拜，差不多全國都有建廟供奉，成為震古爍今而又最受中國人喜愛的神祇。老實說，關羽只是中國歷史上萬千武將的其中一員，戰功一般，生平也沒甚麼過人之處。但祂死後千年，居然能一步步攀上中國神譜的高位，通行儒釋道三教，堪稱異數。這應記功於元末小說家羅貫中著的《三國演義》，因這部小說使關羽的忠義形象深入各階層，直接催生了以義氣為先的關公信仰。

關帝在民間的別稱可說是各神之冠，計有蕩魔真君、伏魔大帝、協天大帝、關聖帝君、關公、武財神、關恩主、武聖、武帝、伽藍和義君等。

另外，關帝有兩個陪神，一是捧印的關平，一是持刀的周倉。關平是歷史人物，周倉雖是羅貫中虛構出來的角色，卻無損道士們的造神興致。關平既被封為九天威靈顯化天尊及南天文衡聖帝，兼尊為太子；周倉也成了剛直忠勇天尊。

張飛是在東漢末追隨劉備起兵造反，以勇猛見稱，與關羽同被稱為萬人敵。221 年，蜀國起兵攻吳，為部將所殺，死後謚為桓侯。在《三國演義》的情節中，他跟劉備和關羽是結義兄弟。因小說太深入民心，民間除供奉關帝外，還愛屋及烏，兼奉祂和劉備，甚或建廟而祀。後來祂被道教吸收，成為伏魔副將，在明萬曆四十二年（1614）更被封為三界伏魔大帝，有扶乩傳統的宗教團體，便尊稱祂為張桓侯大帝。

劉備成為民間神祇亦是得力於《三國演義》的渲染。但香港只有一間劉備廟，可見其信仰在港不彰。而全港獨有的張飛廟和劉備廟都在筲箕灣消防局背後的前愛秩序村山上。

誕日

關羽以農曆六月二十四日為正誕日，九月初九為飛昇日（即得道成仙日），成神日則是十二月初七。另外，部分關帝廟的誕日各有不同，不能盡錄。

張飛誕日是農曆正月十九日（生日）和八月二十三日（死忌），香港筲箕灣張飛廟以十二月十九日為紀念日。

劉備誕日是正月初二。

裴大仙師

廟宇　啟明寺：西環薄扶林道一一九號

功能　問一般吉凶

誕日　農曆三月初十

啟明寺內的裴大仙師像。

裴大仙師是福建福州的道教仙真，福州市的裴仙宮便以裴大仙師為主神。裴大仙師原名周簡潔，北宋浙江紹興人，曾為福建督署衙內幕賓，生前廣推道教，從學者眾，因法號為「非衣真人」，人們便把「非衣」與「真人」結合，尊稱他為「裴真人」。

香港膜拜裴大仙師的善信多是福建移民及其後代，但本港並沒有裴大仙廟，能公開祀奉的地方，僅得薄扶林道的啟明寺。啟明寺內的裴大仙師像，是多年前由一位王女士的後人贈存。

據知王女士是福建人，她在上世紀二十年代得仙師感召，到福州某海邊迎接仙師神像到港。神像起初只放在王女士中環的家中自奉，誰知卻吸引了大批鄉里到來參拜，後來還發展成為一個香會，人人都暱稱仙師為阿伯。這個香會有一傳統，就是逢每年農曆三月初一做誕（原誕日為農曆三月初十），會友都會帶備金銀首飾到王女士家中獻寶敬神，之後便一起用膳，齊齊吃其家鄉菜。

後來香港進入日治時期，治安轉差，賊人看準時機，於誕日上門行劫，信眾損失慘重。自此之後，王女士便以不定期的日子賀誕，每次只通知個別會友上門酬神，以避開賊人的覬覦。由於治安每況愈下，王女士後來更索性遷家避禍，把神龕移到西環羲皇台供奉。王女士逝世後，香會的信眾漸漸星散，其後人也無意續辦香會，便把裴大仙師的神像送到福建人開辦的啟明寺繼續供奉。

至寶真人

青松觀的至寶真人神像。神像是根據侯寶垣道長的容貌塑造。

廟宇　青松觀：屯門青松觀路二八號

功能　問一般吉凶

誕日　農曆八月二十四日為誕日，十一月初十為忌日。

至寶真人即青松觀前觀主侯寶垣道長（1914—1999）。侯道長籍貫廣西貴縣城北鎮，早年客居廣州，在思寧路至寶台慈善會入道，師從葉至勤道長，主奉呂祖。侯道長在朋輩間素有侯爺之暱稱。侯寶垣皈依道教後，一生致力闡揚道法，在 1950 年定居香港後，與一眾志同道合之士，創建青松仙觀，並在上世紀六十年代購麒麟圍地建成屯門青松觀現址，為香港全真教派中最重要的道觀之一。侯寶垣晚年乘內地開放的契機，致力幫助內地數十間宮觀道院重建或修復原貌，功重於國教。侯道長晚年隱居羅浮山黃龍古觀，在 1999 年羽化登仙後，其門人弟子於翌年為其立神像於青松觀中，神名「至寶真人」。

先天至聖老祖

廟宇　香港紅卍字會：銅鑼灣皇龍道二五號
功能　問一般吉凶
誕日　農曆十二月二十六日為誕像紀念日。

先天至聖老祖是世界紅卍字會的主神，只有神相沒有神像。

先天至聖老祖是道教組織世界紅卍字會的主神。此神是在 1922 年由一批國民黨官員在濟南玩碟仙時發現的，神的全名是青玄宮一玄真宗三元始紀太乙老祖。這神並沒有神像存世，香港的道院供奉的只是一張相片和一塊銅鑄的神位，據說這張相片是老祖乩告信徒向空中拍攝得來的。筆者曾看過該黑白照，相中的天空雲團隱約現出一張臉孔，模樣有點似高加索人，唇上有鬍子，年紀老邁。世界紅卍字會在港作風低調平實，由於信奉者日稀，老祖的信仰也變得鮮為人知。

佛教

三寶佛

屯門藍地妙法寺裏的三寶佛。

廟宇 竹林禪院：荃灣芙蓉山
松蔭園佛道社：旺角登打士街四四至四六號恒隆大廈十三至十五樓

功能 問一般吉凶

誕日 沒有三寶佛誕，個別誕日為：阿彌陀佛誕是農曆十一月十七日；藥師佛誕是農曆九月初九和三十日。釋迦牟尼佛誕是四月初八。

三寶是佛教的用語，指的是佛（釋迦牟尼）、法（教義教理）、僧（僧人，即傳承佛法之人）三物，是佛教的基本教義。佛教徒認為憑藉這三物，佛法才可發揚光大，傳承下去，故謂之三寶，佛寺中常見的三寶殿就是以此引喻而來。

三寶佛是象徵過去、現在和未來的三個佛像，可以是三尊不特定的佛像。香港的寺院大都奉有三寶佛，一般而言都是橫三世佛，從我們的方向望去，左邊是阿彌陀佛（手持蓮花）、中央是釋迦牟尼佛（手持寶珠）、右邊是藥師佛（手持寶塔或藥砵、藥壺）。灣仔的玉虛宮雖是主奉道教神祇的廟宇，但在重修之前也有三寶殿供奉佛像，可見佛、道在民間已融為一體。

燃燈佛

（燃燈古佛）

廟宇 赤松黃大仙祠：黃大仙竹園邨二號（黃大仙鐵路站B2出口）
省躬草堂：大埔舊墟汀角路二二至二七號

功能 問一般吉凶

誕日 農曆二月初八和農曆八月二十二日（另有指為二十一日，上環文武廟是二十三日，省躬草堂則是農曆八月十六日）。

上環文武廟列聖宮內的燃燈佛像偏向女性造型（圖上）。

燃燈佛是佛教傳説中地位超然的佛祖。若按時間概念區分，佛教認為佛有三世，分別是未來的彌勒佛、現世的釋迦牟尼佛和過去的燃燈佛（若按地域概念區分，佛教也另有三世佛陀之分，參見「藥師佛」條）。

相傳燃燈佛出生時身邊滿是光芒，一若燃滿燭光而得名。按佛經所言，燃燈佛是釋迦牟尼前世的啟蒙師父，但在民間小説《封神演義》中，祂卻成了道教中人，叫燃燈道人。由於祂擁有非凡地位，元明以後的民間宗教如白蓮教、大乘教（又名燃燈教）、紅陽教和同善社等都視祂為祖師，稱燃燈古佛。

位於黃大仙的赤松黃大仙祠、大埔的省躬草堂和文武二帝廟都奉有燃燈佛，其中上環文武廟旁的列聖宮（以前名觀音佛堂）更供有一座燃燈佛的佛像，作女性打扮，奉於觀音像背後。另外，民間指燃燈佛即定光佛，其實是誤把錠光佛當作定光佛，但這個誤會數百年下來已深入民心，難以反正。

釋迦牟尼

（佛王爺爺）

荃灣芙蓉山觀音巖的釋迦牟尼像，侍在祂兩旁是阿難尊者（圖左）和迦葉尊者（圖右二），兩者都是佛祖的徒弟。

廟宇 妙法寺：屯門藍地青山公路一八號
觀宗寺：粉嶺置福圍一二號
西方寺：荃灣老圍村三疊潭
華嚴閣：鯉魚門泉源道西八二號

功能 問一般吉凶

誕日 農曆四月初八

釋迦牟尼是印度人，為佛教的創教者。相傳祂姓瞿曇，名悉達多，有吉財的意思，名字有點俗氣。釋迦牟尼是後人對祂的尊稱，名字源自梵文音譯，釋迦是祂的部族名，牟尼有聖人之含義，意為釋迦族的聖人。中國自 68 年建成第一間佛寺白馬寺後，佛教散傳民間，民間尊稱釋迦牟尼為如來佛祖或佛祖。

釋迦牟尼出生於今日的尼泊爾邊境內與印度接壤的一個小國，是淨飯王之子，有關祂創立佛教的經過，不在此贅述。香港各大寺院的大雄寶殿四壁多掛有佛祖得道的連環畫，如屯門的妙法寺大雄寶殿內的橫樑上，便有畫像描寫佛祖的一生，有興趣的讀者可透過這些圖像了解佛祖的故事。

除了被尊稱佛祖外，釋迦牟尼還有很多別稱，如佛陀、世尊、大日如來和毗盧遮那佛等，粉嶺的長山古寺所供奉的釋迦牟尼佛，則稱為佛王爺爺，有點農村純樸的味道。香港供奉釋迦牟尼的地方，除了一般佛寺外，部分廟宇或道觀也有兼奉，如同奉三教的屯門三聖廟和圓玄學院，便有供奉佛祖像。此外，一些規模較小的廟宇，如紅磡北帝古廟及慈雲山水月宮也有供奉如來佛祖，這反映出香港三教合流的融合情況。

佛祖生卒年爭議極大，世界佛教大會推斷祂生於公元前 545 年，但中國民間則認為是公元前 1016 年；若以前者的出生日期計算，佛祖活到八十歲，圓寂年份便應為公元前 465 年，那祂很可能跟孔子是同時人。一般人都以農曆四月初八為佛誕，又稱浴佛節，因佛教徒都依例於這天舉行浴佛儀式，以紀念佛祖的誕生，但其實真正的浴佛節是在農曆十二月初八，其原意是紀念佛祖成道於泥蓮池中，而非生辰。

有些寺院中的佛祖像兩旁，除了奉有文殊和普賢菩薩外，偶爾還有兩尊較小的佛像伴在祂前方，在佛像左邊的是迦葉尊者，在佛像右邊的是阿難尊者。兩者都是佛祖的徒弟，史上確有其人，佛祖死後他倆為宣揚佛教立下大功，是開教功臣，故部分寺院會把祂們奉在佛祖身旁。

大日如來

（附：五方佛）

佛香講堂供有五方佛，正中者為大日如來，其餘四位為四方佛。

廟宇　光明講堂：跑馬地藍塘道一一八號三樓
佛香講堂：九龍塘窩打老道冠華園二樓A座
極樂寺：屯門虎地屯富路屯安里

功能　問一般吉凶

誕日　農曆四月初八

大日如來是佛教密宗的最高教主，又稱本尊。大日如來的法身、應化身被視為釋迦牟尼同體，其名稱是從梵文直譯而來，音譯是摩訶毗（音「皮」）盧遮那，又稱毗盧遮那佛，有光明遍照之意，九龍塘的鹿野苑就供有一尊。

香港的光明講堂和蓮池靜院都供奉大日如來。1905 年開設的素食店東方小祇園，其創辦人歐陽藻裳信奉真言宗（密宗的一種），故店內大堂至今仍奉有一張大日如來畫像。

五方佛是指東南西北中五位密宗的神祇，佛教認為宇宙可分為五方世界，各有一佛主管，分別是東方阿閦（音「促」）佛、南方的寶生佛、中央的毗盧遮那佛、西方的阿彌陀佛和北方的不空成就佛。屯門極樂寺、羌山觀音寺和九龍塘窩打老道的佛香講堂是香港少有供奉五方佛的寺院。

彌勒佛

廟宇　西方寺：荃灣老圍村三疊潭
　　　竹林禪院：荃灣芙蓉山

功能　問一般吉凶

誕日　正月初一

東普陀講寺天王殿內的彌勒佛，是常見的笑口常開、大肚腩彌勒佛的造型。

彌勒佛是佛教三世佛傳說中的未來佛，彌勒是梵文音譯，意即慈氏，為印度姓氏。彌勒佛本名阿逸多，是南天竺劫波利村大婆羅門族人，曾追隨釋迦牟尼學佛，卻先於釋迦牟尼入滅，之後相傳祂到率兜天淨土過新生活。由於佛祖生前曾預言彌勒將成為祂的接班人，重臨凡間，屆時人世間的苦楚便可徹底解除，所以佛教徒都深信彌勒佛是未來的希望，願祂早日重臨大地。

現時我們在寺院天王殿常見的大肚笑面佛，人們都說是彌勒佛，其實和真正的彌勒佛沒有絲毫關係。那實是五代後梁（907—923）時一名叫契此的僧人的造型，因為他作過一篇提及彌勒的偈語「彌勒真彌勒，化身千百億，時時示時人，時人自不識」，結果後人都說他是彌勒的化身，如此以訛傳訛，就生出這個冒牌貨。其實真正的彌勒佛是頭戴天冠，身穿菩薩服，與袒胸露腹的契此和尚造型大相徑庭。香港稍具規模的寺院都有供奉笑口常開的彌勒佛，真像卻不多見。另外，大埔的桃源洞雖是道堂，但也供有彌勒佛，其誕日是正月初一。

壽

藥師佛

（附：東方三聖）

堅尼地城的道慈佛社設有藥師殿，供奉藥師佛。

廟宇 藥師佛明堂：不對外開放
道慈佛社：西環堅尼地城域多利道五五號
東普陀講寺吉祥院：荃灣老圍村一六八號

功能 擋煞消災、求壽

誕日 農曆九月初九和農曆九月三十日（藥師佛明堂以農曆九月二十八日為誕日）。

藥師佛是梵文音譯，又稱喃嘸消災延壽藥師佛或藥師琉璃光如來，其造型是左手持鉢盂，右手持藥丸，單聽其名字及看其造型，已知拜奉祂能解除民間身心疾苦，延年益壽。佛教有一本《藥師琉璃光如來本願功德經》的經書傳世，經書在民間廣為流傳，影響深遠。

佛教傳説有以地域劃分的三個世界，東方有淨琉璃世界、西方有極樂世界、中有娑婆世界，每個世界都有一個教主（佛）。娑婆世界即我們現今生活的中土世界，釋迦牟尼就是其教主；西方世界是人死後的極樂世界，教主是阿彌陀佛，而東方淨琉璃世界的教主則是藥師佛，是佛教理想中的淨土樂園。

一般而言，香港寺院鮮有以藥師佛作主神的，多是供奉在偏殿或藥師殿，祂身旁有日光（左）和月光（右）菩薩相伴，合稱東方三聖。至於以藥師佛為主神的寺廟，沙田、西貢和大埔均有，其中藥師佛明堂是較特別的一間，寺廟內的乩童會請藥師佛降身診病，聽説屢見靈驗。

香港大部分寺門會在一塊鏡屏的中央寫上藥師佛的佛號，鏡兩旁貼滿求福善信名字的小紅紙，意謂代善信們求福添壽，隨意一數，西環的道慈佛社、荃灣的西竺林和東普陀講寺吉祥院就有這個佈置。除了上述地方，一些主張三教同源的道堂如旺角竹隱長春洞、牛池灣賓霞洞和圓玄學院也供有藥師佛。

阿彌陀佛

（附：西方三聖）

廟宇　阿彌陀佛靜室：大嶼山昂坪彌勒山

南天竺寺：荃灣芙蓉山

西方寺：荃灣老圍村三疊潭

功能　問一般吉凶

誕日　農曆十一月十七日

荃灣芙蓉山東林念佛堂內供奉的西方三聖，居中者為阿彌陀佛。

在佛教傳説中，東方和西方世界各住有三位聖人，東方是東方三聖（參見「藥師佛」條）；而西方三聖就是阿彌陀佛、觀音菩薩和大勢至菩薩。

阿彌陀佛是西方三聖之首，阿彌陀是梵文音譯，意即無量光或無量壽，故又稱無量壽佛。祂是管理西方極樂世界的教主，我們在靈堂常見寫有「接引西方」四字的花牌，就是要接引先人前往西方淨土的意思。

中國佛教中的淨土宗，信眾信奉的就是阿彌陀佛，此信仰認為只要一心唸頌阿彌陀佛，無須鑽研佛經或靜坐修持，就可以往西方淨土。我們經常聽佛教徒唸的喃嘸阿彌陀佛，意即皈依這位西方教主，到達西方極樂世界的清淨地。這種做法後來在香港民間衍生了一種風俗習慣，凡有車禍或意外造成傷亡的地方，都會豎立一塊寫有「喃嘸阿彌陀佛」的小石碑，以超度亡靈。就我所見，香港以粉錦公路至錦田市中心一段道路的喃嘸阿彌陀佛碑陣最密集，想必歷年發生不少車禍。

西方三聖中的老三大勢至菩薩雖然與觀音菩薩一同協助阿彌陀佛共襄教化，但大勢至菩薩的知名度卻遠不及觀音菩薩，香港和內地都少有佛寺或信眾獨立供奉大勢至菩薩的。觀音菩薩被視為佛教修證的第二果位，在民間很有影響力（參見「觀音大士」條）。

淨土宗在香港是佛教中的一大宗派，很多佛寺或靜室都供有西方三聖。

荃灣圓玄學院舊山門對面的路邊，豎有一大石碑，上刻「喃嘸天元太保阿彌陀佛」十字真言，出自《彌勒救苦經》，是一些主張三教融和的民間教派對另一位佛的稱呼——彌勒佛的佛號。

普賢菩薩

在射燈映照下，東普陀講寺的普賢菩薩給人一種神聖莊嚴的感覺。

廟宇 萬佛寺：沙田排頭村二二一號

功能 問一般吉凶

誕日 農曆二月二十一日（另有說是二月二十日）和農曆四月二十三日。

普賢是中國佛教四大菩薩之一，也是《華嚴三聖》的一份子（另外兩聖是毗盧遮那佛〔即釋迦牟尼〕及文殊菩薩）。祂是佛教傳說中的神靈，據《悲華經》所說，普賢菩薩是阿彌陀佛的第八子，與觀音菩薩、大勢至菩薩和文殊菩薩是兄弟。

在佛寺中，普賢菩薩和文殊菩薩的塑像常侍奉在佛祖的左右，文殊騎獅子在左邊，普賢則乘六牙大白象在右邊。《華嚴經》云普賢菩薩曾許下十大宏願，希望普及佛門所推崇的善於天下，以廣度一切眾生。

由於普賢菩薩的賢能大德深受中國佛教徒的敬重，中國佛教徒便把峨嵋山選為祂的說法道場，讓其在中國落地生根，與九華、普陀、五台合稱中國佛教四大名山。

香港大部分的佛寺都供有普賢菩薩，萬佛寺更在露天位置擺放了一尊巨大的普賢菩薩像，供信眾參拜。

文殊菩薩

東普陀講寺內的文殊菩薩像。

廟宇　萬佛寺：沙田排頭村二二一號
　　　省善真堂：九龍塘律倫街七至八號

功能　問一般吉凶

誕日　農曆四月初四

文殊全稱文殊師利，為梵文音譯，意譯為妙吉祥，為佛教四大菩薩之一（即文殊、普賢、觀音和地藏），地位僅次於佛陀，是智慧的代表。歷史上沒有文殊這個人，而中國山西五台山就為祂選了一個道場定居，稱為文殊道場。

文殊菩薩會侍在釋迦牟尼的左邊，為釋迦佛的左侍者，其佛像一般是作騎獅子狀或立像。香港大多數佛寺都供有文殊菩薩，萬佛寺的一尊佛像尤其巨大。另外，香港的道教廟宇有一特殊現象，就是除會供奉這位佛教神祇，更會視祂為主神。如九龍塘省善真堂的文殊殿，文殊菩薩就坐在八位道教神祇的中間，據該道堂小冊子的介紹，指文殊為廣法天尊，曰道曰佛，文修武習，故在得到鴻鈞老祖的乩示後，道堂就供請祂作主壇神祇，這種反客為主的情況在香港實為罕見。此外，密宗喇嘛加持新生嬰兒也常用文殊咒，甚至在舌頭寫上文殊菩薩的種子字。深水埗薩迦大悲圓滿佛法中心便供有此神。

觀音大士

荃灣芙蓉山觀音巖內的觀音神像。

廟宇　東普陀講寺：荃灣老圍村一六八號
觀音巖：荃灣芙蓉山
觀音寺：大嶼山羌山道

功能　問一般吉凶

誕日　農曆二月十九日。農曆六月十九日為得道日，農曆九月十九日為出家日。

觀音大士是佛教傳説中的神祇，原名觀自在或觀世音菩薩，因唐時避李世民諱，在唐以後的典籍中都成了觀音。

觀音二字有聞聲救苦之意，也是這個及時雨的神格，觀音大士便成為中國最受歡迎的神祇。不過中國老百姓一直受佛教小説《觀音得道》的影響，認為觀音大士就是妙莊王的三公主，其實那全是小説家筆下的虛構故事。

據考證，觀音大士在古印度的原型本是婆羅門教中一匹慈悲和善的小神馬，後來小神馬被佛教吸收，就成了馬頭觀世音，之後又被人格化，變成鬚眉漢子；傳入中國後才漸被漢化成慈悲女神，變身大慈大悲救苦救難觀世音菩薩。

香港大小圍村的神廳，大多把觀音大士奉在列聖神牌的中間，受眾神拱護。而大部分客家村莊的祠堂，會在祠堂中央擺放祖先神位，然後於左龕供奉觀音大士，由此可知其在信眾心目中的地位是何等重要。

內地的觀音大士道場在浙江舟山群島中的普陀山，島上滿佈觀音寺，一派南海佛國莊嚴氣象。

內地的觀音道場既然在浙江外海的舟山群島，觀音大士遂順理成章成為南方海上之佛。新界鄉村有稱觀音大士為南海古佛的，如元朗唐人新村內的楊侯古廟就是。另外，源於觀音大士大慈大悲的神格，民間也有稱觀音大士為慈悲娘娘的，筆者曾在油塘的福德堂、油塘的嶺南古廟、下葵涌先師廟、坪洲東灣尾和蒲崗村道與鳳禮道交界的土地神龕等見到這稱號。這些廟宇大都是潮州人或鶴佬人所建，故慈悲娘娘當是潮汕民間對觀音大士的稱呼。

觀音大士旁有一對侍者，名為善財童子和龍女，是觀音的陪神。新界神廳供觀音的多，但同時供奉善財童子和龍女的卻罕見，僅見屏山石埗圍神廳供有這兩位陪神，可惜卻把善財龍女寫成善隨龍女，也許是鄉音吧。

香港人參拜觀音時一般都會以觀音衣和齋菜作為祭品；參拜後大多會求觀音靈簽，祈求觀音指點迷津。深受香港善信愛戴的靈簽，除觀音簽外，還有天后簽和黃大仙簽。

傳說觀音大士有三十三個化身，除化身多，祂的誕日也多。一般而言，農曆二月十九日是正觀音誕，六月十九日為得道日，九月十九日為出家日（據《觀音得道》載，觀音當是六月十九日出家，九月十九日得道，但民間卻把日期對調了）。

地藏王

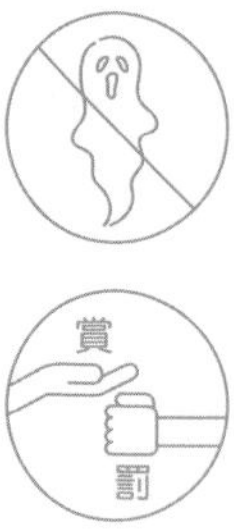

荃灣老圍村香海慈航裏的地藏王。

廟宇 極樂寺：屯門虎地屯富路屯安里
觀塘地藏王古廟：觀塘翠屏道一二〇號地段（秀茂坪紀念公園內）
上角山地藏王廟：荃灣老圍上角山（西方寺後山）

功能 捉鬼治邪、賞善罰惡

誕日 農曆七月十五日為地藏王誕日，七月三十日為得道日（若當年七月沒有三十日，就在七月二十九日做誕）。

地藏王是佛教創造出來的神祇，為四大菩薩之一。在佛教傳説中，祂是在釋迦牟尼寂滅後，未來佛彌勒降世前一段空檔的教主，故此地位崇高。地藏王曾言：「地獄不空，誓不成佛。」發願超度地獄中眾鬼，故又被稱為幽冥教主。

地藏是梵文音譯，意指祂如大地一樣，藏有無數的善根種子。中國的佛教徒很喜歡為佛國神祇確立身份，觀音如是，地藏也如是，於是就有地藏王是目蓮或新羅國王子金喬覺的説法，後來更以安徽九華山為地藏王顯靈説法的道場，使祂名正言順地落籍東土。

香港以地藏王為主神的寺院有屯門極樂寺，而大部分的寺院（特別是設有骨灰龕或靈位的寺廟）都供有地藏菩薩，或設有地藏殿。在廟宇方面，觀塘翠屏道和荃灣上角山各有一間由鶴佬人辦的地藏王廟，這兩間廟每年都會上演海陸豐戲來賀誕；荃灣的地藏王廟更會把神像移到葵涌大窩口球場戲棚坐鎮，觀塘地藏王古廟則有難得一見的羅山派麒麟舞表演。另外，每十年一次的錦田打醮，會由逢吉鄉妙覺園中請出一座地藏王木主到醮棚受供，該處藏有一座巨型義塚，內裏所埋葬的先人，就是1899 年在八鄉石頭圍和錦田抗英戰死的義士。

民間傳説指地藏王有父子兩人作為祂的侍者，父親名閔公，兒子名道明。閔公本是九華山的山主，據説一次閔公請地藏王用齋，地藏王希望閔公送一塊袈裟般大小的地皮作建寺之用，閔公不虞有詐，當下答允，誰知地藏王一施法力，把袈裟一展就覆蓋了整個九華山，於是方圓百里之地都成了祂的道場。閔公隨即佩服得五體投地，後來更與兒子一同學佛，成為地藏王的左右陪神，如今我們在寺院見到地藏王聖像或圖畫，大家會見到一老一少陪神侍立在祂兩旁，那就是閔公父子。

準提菩薩

壽

廟宇　萬佛寺：沙田排頭村二二一號
　　　洪聖殿：大角咀福全街五八號

功能　求壽、保護小孩

誕日　農曆三月十六日

大角咀洪聖殿內的準提菩薩神像如同千手觀音，稱為準提佛母。

準提菩薩是佛教神祇，也作准提或准胝，是梵文音譯，有心性清淨的意思，民間稱為準提佛母。

相傳準提菩薩是觀音大士六個化身之一，其形象是三臂到八十四臂，坐於水蓮花之上，下有二龍王共扶蓮花莖，象徵其功德無量，有消除一切厄運，兼延年益壽、增長智慧的能力。在佛教諸派中，以禪宗和密宗較重視這神。

民間禮拜準提菩薩已脫離這神在佛教中的原貌，變成能戒除小孩夜哭陋習的神祇，故深受婦女歡迎。

香港的佛寺如下花山西竺林寺和沙田萬佛寺都供有準提菩薩，大角咀洪聖殿（神像）和大澳華光古廟（神牌）則有兼奉，並不以主神看待；九龍塘的省善真堂稱準提菩薩為準提聖佛，香港的道堂尊奉佛教神祇是三教合流的常見現象。

五百羅漢

竹林禪院五百羅漢殿的一隅。

廟宇　古巖淨苑：沙田大圍車公廟路一號
　　　竹林禪院：荃灣芙蓉山

功能　問一般吉凶

誕日　不詳

五百羅漢即佛祖的五百位弟子。中國早於東晉時已有佛寺供奉五百羅漢，到宋時大盛，由於篇幅所限，未能登出五百人的名稱，有興趣的讀者可到沙田古巖淨苑和荃灣芙蓉山的竹林禪院一行，那裏有五百羅漢的雕像群，很值得參觀。（有關羅漢之義，參見「十八羅漢」條。）

十八羅漢

廟宇　萬佛寺：沙田排頭村二二二號
羅漢寺：大嶼山東涌石門甲村石門甲道
普善佛堂觀音廟：觀塘秀茂坪寶琳路（寶達邨入口斜對面）

功能　問一般吉凶

誕日　不詳

慈雲山法藏寺內的十八羅漢像以九個一組分坐正殿兩旁，象徵守護佛陀。

羅漢是梵文阿羅漢的簡稱，是小乘佛教修煉者達到最高境界的稱呼；在大乘佛教中，其地位僅次於佛陀和菩薩。因此，羅漢能熄滅一切煩惱，圓滿一切功德，能避過生死輪迴之苦，故得天、人供奉。

佛教中的羅漢多如恒河沙數，十八羅漢是最常見的組合，一般推斷出現於唐末，初時見於畫像，後來才出現雕像。十八羅漢的名稱常有出入，且祂們都是印度人，名字都是音譯，讀起來非常繞口，以下所記，是較常見的版本，也是中國人給祂們起的綽號：

騎鹿羅漢　喜慶羅漢　舉缽（托缽）羅漢
托塔羅漢　靜坐羅漢　過江羅漢　騎象羅漢
笑獅羅漢　開心羅漢　探手羅漢　沉思羅漢

挖耳羅漢　布袋羅漢　芭蕉羅漢　長眉羅漢
看門羅漢　降龍羅漢　伏虎羅漢

以上十八羅漢，相傳首十六羅漢是釋迦牟尼佛的徒弟，最後兩個羅漢則是佛教傳入中國後才增加的。

香港供奉十八羅漢的地方，以沙田萬佛寺最有名，而東涌的羅漢寺則最特別。東涌羅漢寺的特別之處在於建寺者的匠心獨運，佛寺沒有把眾羅漢安放在主殿兩旁，而是利用自然環境，安放十八尊羅漢像於離山門不遠處的岩洞中，很有韻味。除了佛寺，一些道壇或廟宇也有供奉十八羅漢，如石籬的淳風仙觀、牛池灣賓霞洞、九龍城侯王古廟和上環水月宮都奉有十八羅漢，只是規模遠不及寺院。

秀茂坪普善佛堂觀音廟也供有十八羅漢像，但全都稱為尊者，分別是：降龍尊者、進果尊者、進獅尊者、長眉尊者、進香尊者、誌公尊者、達摩尊者、開心尊者、觀經尊者、目蓮尊者、飛鈸尊者、布袋尊者、梁武帝尊者、進燈尊者、伏虎尊者、進花尊者、聖僧尊者和不求尊者。這些尊者中，只有五個跟前述的十八羅漢名字相同，是否來自同一套十八羅漢信仰則不得而知。

十八羅漢在一般善信眼中，只作護法看待，故鮮有人祈求祂們保佑；香港也沒有專為十八羅漢而設的寺廟，即使是東涌的羅漢寺，正殿供奉的也是佛祖，而非羅漢。

伏虎羅漢

廟宇　青山禪院：屯門北青山楊青路
功能　擋煞消災
誕日　不詳

青山禪院後山的伏虎羅漢神像，仿若真人。

伏虎羅漢是十八羅漢之一，香港部分廟宇會獨立供奉這位伏虎英雄。中國佛教原只有十六羅漢，唐朝後才有十八羅漢之說，但身份眾說紛紜，到清乾隆皇帝欽點最後兩個羅漢為伏虎羅漢和降龍羅漢後，才定了下來。

伏虎羅漢原名賓頭盧尊者，傳說祂所住的寺院經常聽見老虎因肚子餓而哮叫的聲音，祂便將自己的飯食分一些給老虎，時間一長，猛虎便被祂馴服，更常常一起嬉戲。

筆者認為寺廟獨立供奉伏虎羅漢，是跟民間相信虎即煞的迷信觀念有關。情況一如道教中的玄壇伏虎和驚蟄日的祭白虎巫術，人們為了擋煞消災，改變命運，便會參拜一些擅長伏虎的神靈，以求脫災。而佛教中剛好有以伏虎為名的羅漢，於是就把祂抽取出來，以個人名義服務大眾。

四大天王

東普陀講寺內的多聞天王像。

廟宇　竹林禪院：荃灣芙蓉山
東普陀講寺：荃灣老圍村一六八號
寶蓮禪寺：大嶼山昂坪
普善佛堂觀音廟：觀塘秀茂坪寶琳路（寶達邨入口斜對面）

功能　問一般吉凶

誕日　不詳（有言多聞天王的誕日是農曆四月十九日）

四大天王是佛教的護法神，又名四大金剛（金剛本是一種武器，後引申成佛教守護神的專稱，有金中最剛之意），源出印度佛教傳說。

四大天王本是印度神祇，分別是東方的多羅吒天王、南方的毗琉璃天王、西方的毗留博天王和北方的毗沙門天王。到明代神魔小説《封神演義》出現後，四大天王被徹底漢化，成了魔家四兄弟，從此人們便記不起祂們的原來國籍了。

漢化後的四大天王分別是持琵琶，以音樂吸引眾生皈依佛教的東方持國天王；持寶劍，以利器保護佛法免被侵犯的南方增長天王；手纏一龍，遇上不信佛的人，便變龍成索將之捉來，使其皈依佛教的西方廣目天王；右手持傘，左手持神鼠，保護世間財富和收伏群魔的北方多聞天王。

香港大部分有規模的寺院都有四大金剛像，蓋四大天王是鎮守山門最重要的神祇，而供奉四王的大殿則稱為天王殿，建在山門入口處。

四天天王

尖沙咀福德古廟門外的牌坊，可見四天天王的名號，但廟宇內沒有其神像或神位。

廟宇　尖沙咀福德古廟：尖沙咀海防道二八號（熟食市場側）

功能　問一般吉凶

誕日　不詳

四天天王這神（或神靈組合）名，全港僅見於尖沙咀海防道的福德古廟。由於廟內沒有神像，也沒有神位，只有廟門門匾和廟內一塊牌匾刻有四天天王之名（但內裏神龕供奉的是福德老爺），故此祂／祂們的形象、出處和身份，至今仍是一個謎。曾有人懷疑四天天王實乃四大天王的誤刻。

筆者在 2004 年拜訪該廟時，一位廟祝說，潮籍人士相信四天天王乃鎮守天上四方的神靈，雖然有點像四大天王，但不等同四大天王，而是土地一類的神靈。查此廟為當年九龍倉內潮籍苦力所興建，廟內奉有他們信奉的鄉間神祇也不足為奇。

另外，佛教有三界天之說，三界中慾界最低，當中共分六重，即六慾天。第一重叫四天王天，離人世最近，是四大天王的住處。由此推測，四天天王極有可能是四大天王或四天王天的另一稱呼，其不同處，可能是民間的演譯有異而已。

綠渡母

廟宇　崇珠閣：北角繼園街一號B
功能　問一般吉凶
誕日　不詳

北角繼園台崇珠閣供有一尊很大的綠渡母神像。

綠渡母是綠色渡母之意，是聖救渡佛母的簡稱，這神是佛教密宗的神衹，相傳由觀音菩薩的眼淚變成，能助觀音菩薩廣度百萬眾生，除了綠渡母外，還有二十一渡母和白渡母等，當中以綠渡母最廣為人知。

由於綠渡母可斷生死輪迴，消除一切魔障痛苦，並能廣開智慧，凡有所求，無不如願，信眾死後也可到極樂世界，故此信眾很多，為眾渡母之首。

大威德

這座大威德神像存放在北角崇珠閣中數十年，卻鮮為人知。

廟宇　崇珠閣：北角繼園街一號B

功能　問一般吉凶

誕日　不詳

大威德是佛教密宗的五大明王之一，又稱大威德明王、大威德憤怒明王、降閻摩尊和六足尊明王。密宗指佛或菩隆的化身為明王，而大威德就是西方無量壽佛或文殊菩薩的化身。

大威德明王的造型是三面六臂或六面六臂六足，面有三目，赤眼暴惡，髮如火焰飛騰，形相極其猙獰恐怖。祂騎的是一頭青色水牛，混身青黑，以骷髏為頭冠和瓔珞，目的是掃除世間一切魔障。

香港信奉密宗的佛寺雖然不少，但供有大威德像的並不多，反而道密雙修的北角崇珠閣則供有其神像。

孔雀明王

廟宇　松蔭園佛道社：旺角登打士街四四至四六號恒隆大廈十三至十五樓

功能　消災擋劫

誕日　不詳

華松仙館的孔雀明王像。在彈經的時候，善信會以牛奶來供奉孔雀明王。

孔雀明王是佛教密宗的神祇，在日本很受尊崇，知名度也高，當地有一本著名的神魔漫畫《孔雀王》，內容就是借用這位神祇的傳説寫成。

全稱為佛母大孔雀明王或孔雀佛母菩薩的孔雀明王，梵名是摩訶摩瑜利羅闍，因坐在一隻孔雀上而得名。由於孔雀以食毒蟲維生，佛母以孔雀為坐騎，象徵能除蛇毒及人間一切劫難，故世人把孔雀明王視為消災擋劫的神。廣東佛教徒在祈福法會中會彈唱《金曜孔雀明王尊經》(《佛母大孔雀明王經》)，俗稱彈經，但因所費不菲，只能偶一為之。

筆者曾在洪水橋石埗圍的神廳中，發現有孔雀明王的神名(是列聖神牌中的一員)，可説是新界地區的孤例。

大士王

（鬫燃大士）

廟宇　大士王爺寶殿：油塘高超道三三號

玉霞閣：荃灣象鼻山路二坡圳（石圍角邨對面山坡）

功能　捉鬼治邪

誕日　不詳

省善真堂內的鬫燃大士畫像。

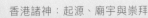

民間相傳大士王是觀音菩薩的化身之一，也稱鬼王，為管理陰間各式鬼類的神祇，民間認為祂是一個陰神。觀音大士與鬼王拉上關係，是源自《妙法蓮花經》的説法。經中有言，觀音大士為了教化鬼界眾生，變成鬼王身而説法，因此鬼王就成了觀音菩薩眾多化身之一。在佛教典故中，鬼王又名釅燃（「釅燃」是梵文音譯，有説這神的名字，就是六字大明咒內的第一個字——唵字。）或焰口，我們在靈堂或盂蘭臨時神棚見到那隻口噴烈焰、瘦骨如柴的怪物就是大士王的紙紮像。

大士王本是佛教神祇，但道教中人也有供奉，特別是在民間打醮，在普度法事中有燒衣濟幽儀式，道士會火化一紙紮大士王，象徵驅趕所有遊魂野鬼回地府，祈求闔家平安的意思。而香港的道堂廟宇若供有靈位，也會供奉此神作陰靈總管，好維持廟宇內靈界的秩序，如省善真堂、玄都觀、慈雲閣和純陽仙洞等便供有此神。惟多數廟宇只供奉大士王的畫像，只有荃灣玉霞閣罕有地供奉其神像。

目前，香港最少有三間大士王廟，一間位於油塘，稱大士王爺寶殿，廟內只見石碑上刻有大士王的名字，未見神像。一間曾見於彩雲邨白鳳樓後山，這廟宇規模簡陋細小，廟內只有香爐一個，神位一座，神像欠奉。還有一間是在觀塘地藏王古廟附近的獅山媽祖神龕旁。三處都是由鶴佬人所建。

曾有本地傳媒誤稱這神祇為大恕王，究其底蘊，全因蜑家人（水上居民）説大士王的「士」字時，往往會讀成「恕」或「樹」音，外人不知就裏，便以為這是大士王的真正名字，最後以訛傳訛，生了這個誤會。

韋陀

守在東普陀講寺大門口的韋陀，臉朝內堂，豎杵而立，神氣十足。

廟宇　各佛寺精舍

功能　問一般吉凶

誕日　農曆六月初三

韋陀是佛教的護法神，身份一如道教的王靈官（參見「王靈官」條），在寺院中其立像多在彌勒殿後，面向大雄寶殿，香港稍有規模的佛寺精舍都必定供有這位菩薩。韋陀本是印度婆羅門教的神祇，名字是音譯而來，是一名戰神。經佛教吸收後，化身成為四大天王的部下，是南方增長天王的八大將軍之一，也是三十二位天將之首。有説祂曾受佛祖遺訓，負責保護出家人，護持佛法，所以祂背向門外，直望正殿，代表保護道場、保護出家人的意思。

這神自唐代傳入中國後，變成一位身穿金盔鐵甲的年輕將軍，手按金剛杵，滿臉怡然，卻又非常威武。目前不少廟宇都供有韋陀像，經過千百年變化，祂已經不是純粹看守佛寺的護教菩薩，而是一位受民間尊崇的神靈。

佛寺中的韋陀像一般有兩個形態：一個是雙手合十，橫杵於腕上，直挺而立；一個是雙手垂下，握杵支地。前者表示此地是十方叢林，歡迎來客，遠遊的行腳僧可安心住下。後者則表示本寺不接待行腳僧掛單，來僧最好另投山門，不要自討沒趣。

十殿閻王

賞
罰

上環文武廟的十殿閻王神像。筆者推斷神像是由中環前城隍廟遷來的，同廟還供奉了城隍，想來也是這個原因。

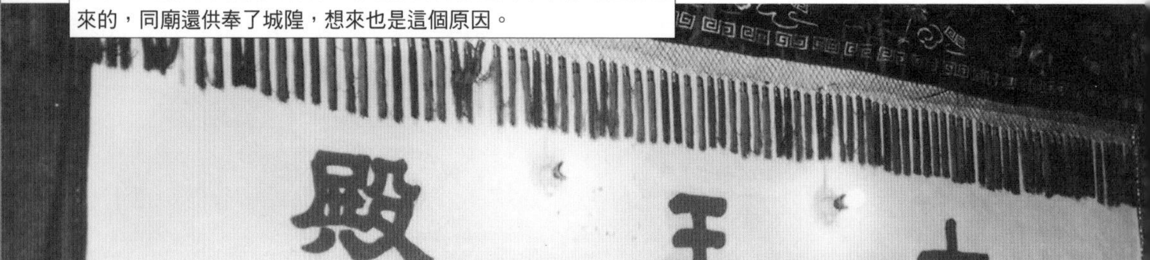

閻王或閻羅王是梵文譯音，原為古印度神話中陰間的主宰，相傳印度史上確有其人。佛教在印度誕生後，其教義中有地獄一說，閻王便成為地獄主人。佛經中的地獄說，雖名目繁多，但沒有十殿之分，只有八寒地獄、十八地獄和八炎地獄等。後來佛教傳入中國，唐朝末年將地獄分為十殿，十殿均有主，又各有名號，稱為十殿閻王。十王各有不同職司，分別審判亡者生前所犯的罪業，並施以刑罰。

十殿閻王的組合在北宋勸善書《玉歷鈔傳》（即《玉歷寶鈔》）中有詳細記述，十王分別是：秦廣王、楚江王、宋帝王、五官王、閻羅王、卞城王、泰山王、都市王、平等王和轉輪王。有關十殿閻王的說法，各寺廟偶爾會有差異，如上環廣福義祠和文武廟便稱九殿王為平政王，三疊潭的城隍廟卻指祂為八殿王，應該是搞亂了。

香港的上環文武廟、筲箕灣城隍廟、油麻地城隍廟、荃灣廣東都城隍廟和太平山街廣福義祠都供有十王；虎豹別墅清拆前，公園內也有一組十王殿浮雕，非常有名，可惜現已成為歷史。現時全港只有慈雲山慈雲閣仍有一組走廊式的閻王雕塑。

廟宇　上環文武廟：上環荷李活道一二四號
筲箕灣城隍廟：筲箕灣金華街
油麻地城隍廟：油麻地廟街眾坊街
荃灣廣東都城隍廟：荃灣老圍村
廣福義祠：上環太平山街四〇號
慈雲閣：慈雲山慈雲山道一五〇號（基慈小學旁）

功能　賞善罰惡

誕日　十王各有誕日（農曆）：1.秦廣王，二月初一；2.楚江王，三月初一；3.宋帝王，二月初八；4.五官王，二月十八日；5.閻羅王，正月初八；6.卞城王，三月初八；7.泰山王，三月二十七日；8.都市王，四月初一；9.平等王，四月初八；10.轉輪王，四月十七日。

四面佛

廟宇　竹林禪院：荃灣芙蓉山
功能　求財富
誕日　新曆十一月九日

石籬福德古廟內所奉的四面佛。一般四面佛都是露天供奉，很少放進廟堂內。

四面佛不是佛教中的神祇，而是印度婆羅門教三大神中的婆羅賀摩神（另外兩位是濕婆及那羅延那神），是一位創造之神，又名大梵天王。後來四面佛被佛教吸收，成了釋迦牟尼的護法神。

四面佛令人印象深刻的，是生有四張面的造型，四張面其實代表慈、悲、喜、捨四種偉大情操，但現已約定俗成為酒、色、財、氣四大俗事。

香港在二十世紀八十年代前參拜四面佛的人很少，但經泰國傳入後，開始在民間普及。荃灣竹林禪院、荃灣老圍紫竹林、沙田古巖淨院、荃灣玉霞閣、大窩口關帝古廟、旺角山東街水月宮（2021 年添奉）、黃竹坑大王爺廟、九龍灣高銀金融國際中心前院和石籬的福德廟等都供有四面佛。另外，私人供奉四面佛的也多，如九龍城有一間私人四面佛堂，信眾大多是生意人，相信與祂有求財的神格有關。

而一些出售泰國佛像、佛具和佛牌的店舖及泰國菜館，也常見在門旁安放一尊四面佛，以供途人或客人參拜，惟佛像的大小各有不同。

杯渡禪師

廟宇　青山禪院：屯門北青山楊青路

功能　問一般吉凶

誕日　不詳

屯門青山禪院的杯渡石像。

杯渡禪師是中國歷史上一個神秘的印度僧人，相傳他可以坐着一個大木杯涉渡江河，杯渡之名因此而來。據《三教源流搜神大全》記載，他是東晉時人，在元嘉三年（426）間曾在河北活動，時年約四十多歲，梁朝慧皎和尚編的《高僧傳》也記有其人其事。據上述兩書所言，杯渡禪師法力高強，不單曾死後復活，又懂分身術和治病救人，更可預知未來。

屯門的青山禪院（原名普渡寺），有説因杯渡禪師曾在這裏修道，故易名為杯渡禪院，到 1926 年顯奇法師重建寺院，才改名為青山禪院。寺院後山的岩窟中，到今仍奉有一尊杯渡石像，為全港獨有。

濟公

（南屏古佛）

上環太平山街廣福義祠裏的濟公像。

廟宇

廣福義祠：上環太平山街四〇號

玉霞閣：荃灣象鼻山路二坡圳（石圍角邨對面山坡）

港九福德念佛社：深水埗呈祥道六〇七一號地段（明愛醫院後山）

明星善社：觀塘物華街群星大廈一九至二九號一樓D及E室

功能

捉鬼治邪、驅疫治病求健康

誕日

農曆二月初二（生日）和八月二十五日（得道）。松蔭園佛道社以農曆五月十六日、八月十六日和十二月初八為誕日。新康濟堂以農曆二月十四日和八月二十二日為誕日。

濟公（？—1209）是南宋名僧，法號道濟，又稱濟公活佛。祂原名李心遠或修元，台州府天台縣人（今浙江臨海縣），十八歲在浙江杭州靈隱寺出家，後住南屏山的淨慈寺，直至終老，因此也有人尊稱祂為南屏古佛。民間有關濟公的傳說非常多，主要都是祂嚐食狗肉、胡言亂語和遊戲人間的行為，因而又有濟顛的稱號。儘管祂不守戒律，在百姓心目中，濟公卻有抱打不平、為民請命的正面形象，是英雄的化身。所以後來被神化為羅漢轉世，成為漢化五百羅漢中最受百姓歡迎的羅漢。

香港本來有一間濟公廟，原址在灣仔迪龍里，廟宇拆卸後，廟內的濟公像就被移到太平山街的廣福義祠繼續供奉。另外，油麻地的新康濟堂、呈祥道的港九福德念佛社、大嶼山桃源洞、德教紫靖閣、大窩口關帝古廟、圓玄學院、荃灣玉霞閣、青山青雲觀、白泥天后廟、石硤尾配水庫福德古廟、旺角松蔭園佛道社、濟廬、世界紅卍字會、觀塘明星善社、灣仔玉虛宮和秀茂坪海角天后廟等都供有濟公，其中玉霞閣的濟公塑像面部表情栩栩如生，很值得參觀。

由於濟公深得民心，所以自明以來就出現過不少以祂為題材的小說和戲劇，較流行的有明末清初小說《濟顛大師玩世奇蹟》（今又名《道濟略傳》）。香港在上世紀也拍過不少以濟公為題材的電影，粵語片時代以新馬師僧扮演濟公最出色，近年則以麥嘉最維妙維肖。

唐三藏

此像昔日原供奉於三太子宮旁的北帝宮內。

廟宇　三太子宮：深水埗汝州街一九六至一九八號
聯光佛堂（達摩廟）：秀茂坪曉光街八二號
功能　問一般吉凶
誕日　農曆二月初五

唐三藏是歷史人物，本名陳禕（600—664），洛州緱氏縣人（今河南偃師縣緱氏鎮），十三歲出家，法號玄奘。由於他精通佛教經、律、論三藏經典，成就卓越，世人又多稱他為三藏法師。他是中國歷史上最傑出的佛教僧人之一，單是隻身徒步穿越西域往印度（天竺）取經，來回五萬里路，橫跨一百一十國，經歷千辛萬苦，九死一生，其勇氣和智慧已是天下少有。

唐貞觀三年（629），唐三藏經絲綢之路往印度求法，遊學 17 年，學問冠絕印度眾僧。其後他帶同 657 部佛經返回長安，並獲唐太宗派遣二千多人協助翻譯梵語佛經，結果共譯經論 75 部，成為中國歷史上佛教翻譯的創舉。另外，他又總結了數十年來的思想理論，創立唯識宗，成為一宗之主。

由於唐三藏後半生把精力都集中在翻譯工作方面，故此沒有太多個人著作留世。其弟子辨機和尚根據唐三藏口述記錄的《大唐西域記》，詳細記錄了唐代由長安到印度路上的風土人情，是一部重量級的輿地著作，對後世研究中世紀亞洲歷史影響頗鉅。而《西遊記》中有關唐三藏取西經的故事，則全是根據唐三藏的事跡渲染而成。

唐三藏於麟德元年（664）農曆二月初五圓寂，世人多以此日為其誕日。香港供奉其神像的有深水埗三太子宮、秀茂坪的聯光佛堂（達摩廟）和牛池灣的大聖廟等。

達摩祖師

廟宇　聯光佛堂（達摩廟）：秀茂坪曉光街八二號
清德堂達摩祖師廟：青衣上高灘街信義新村
功能　問一般吉凶
誕日　農曆十月初五

青衣島的清德堂達摩祖師廟奉有達摩祖師。

達摩祖師是印度僧人，出身貴族，達摩是梵文音譯，全名是菩提達摩或菩提達磨。史載他乘船三年，於梁武帝普通元年（520）或稱大通元年（527）由印度抵達中國。在廣州登岸後曾到首都金陵（今南京）與梁武帝會面，但因與梁武帝話不投機，便北渡長江，至魏國境內的河南嵩山少林寺面壁坐禪九年，當時人稱為壁觀婆羅門，後繼任為少林寺第二代住持。達摩後來把衣鉢傳給弟子慧可（據説住持信物是件木棉袈裟），自己則雲遊四海，相傳晚年在洛水之濱遭到與其意見相悖的禪師毒害而死，葬於熊耳山（今河南宜陽縣）定林寺內。

達摩祖師被中國佛教尊為禪宗初祖，是位得道高僧，地位崇高，然而香港的達摩信仰主要於民間較受關注和流行，現時全港共有兩間達摩廟，一間是位於秀茂坪的達摩廟（又稱聯光佛堂），一間是位於青衣島的清德堂達摩祖師廟，兩間廟宇均由鶴佬人始建。以前秀茂坪的達摩廟會於誕日搭棚演戲酬神，另有乩童受達摩降乩，以劍割舌畫血符，以昭信眾，場面震撼。後來秀茂坪村重建，建醮場地沒有了，廟宇也由秀茂坪村 34 座山邊搬到曉光街，乩童請神也改到新廟進行。而香港的禪宗寺院獨立供奉達摩的並不多，大嶼山慈興寺、芙蓉山結蓮庵和青山禪院等都只是兼奉達摩像供善信參拜。

另外，屬先天道派的牛池灣賓霞洞，在道堂三樓奉有一尊達摩像；而世界紅卍字會也奉有達摩祖師。

由於達摩祖師是屬於武科的神靈，香港不少南少林派武館都會供奉祂；觀塘地藏王古廟兼奉的達摩祖師與趙太祖師和呂祖一起受祀，筆者認為是因三人都以武藝劍術著稱的緣故。

六祖

黃泥涌北帝譚公廟雖不是寺院，但內裏卻供有六祖惠能的神像，且會為六祖慶祝誕日。

廟宇 黃泥涌北帝譚公廟：跑馬地藍塘道九號
道慈佛社：西環堅尼地城域多利道五五號

功能 問一般吉凶

誕日 農曆二月初八為六祖誕日，八月初六為忌日（北帝譚公廟以八月初三為誕日，也稱南華誕）。

六祖是指佛教禪宗的第六代掌門人，法號惠能。惠能（638—713）又稱慧能，唐朝人，俗家姓盧，《三教源流搜神大全》稱為盧六祖。在《六祖壇經》中，惠能自述其原籍河北范陽（今北京一帶），但亦有人認為祂是廣東新興縣人。禪宗本有南、北宗之分，惠能被尊為南禪宗的開山祖。南禪宗主要以《金剛經》為依據，主張頓悟的境界，對宋以後的學術界影響巨大，南禪宗最後更戰勝北宗，成為中國禪宗正統。廣東韶關南華寺是六祖在廣東的傳教基地，寺內至今仍供有其金身，屬國寶級文物。

香港方面，灣仔軒尼詩道的旅港盧氏宗親總會有附屬的六祖紀念堂，堂內供有一幅手繪的六祖畫像供信眾參拜；而跑馬地的黃泥涌北帝譚公廟和西環的道慈佛社則供有六祖的神像。

宋禪師

香港信奉宋禪師者以潮州人為主，九龍城慈心佛堂是少數供奉宋禪師的地方。

廟宇　慈雲閣：慈雲山慈雲山道一五〇號（基慈小學旁）
慈心佛堂：九龍城南角道四八號四至五樓

功能　問一般吉凶

誕日　農曆四月初七和十一月二十九日

宋禪師（1568—1702），相傳姓宋，法號超月，廣東惠來人，死後成佛，曾多次顯靈救民解困。根據惠來永福寺的記載，宋禪師於清康熙九年（1670），在當時的吏部觀政進士張經及信眾的資助下，在惠來建了一座永福寺，供善信參禪之用，此寺院今日尚存。

香港信奉宋禪師的信眾以潮州人為主，慈雲山慈雲閣、九龍城慈心佛堂和荃灣玉霞閣（廟內的宋禪師神像在 2019 年由結業的德恩善堂遷至）是少數供奉宋禪師的地方。慈心佛堂在每年的宋禪師誕日都會恭請高僧到佛堂誦經祝誕。

宋大峰祖師

油塘福德堂中的宋大峰祖師像。

廟宇　油塘福德堂：油塘高超道（佛教何南金中學對面）

港九福德念佛社：深水埗呈祥道六〇七一號地段（明愛醫院後山）

慈雲閣：慈雲山慈雲山道一五〇（基慈小學旁）

功能　問一般吉凶

誕日　農曆十月十四日

宋大峰祖師（1039—1127）是潮州民間的佛教神靈。相傳祂俗姓林，籍貫不詳（分別有福建、浙江和廣西梧州之説），由於祂是宋朝和尚，法號大峰，世人就尊稱祂為宋大峰祖師。

宋宣和二年（1120），宋大峰祖師有見潮陽縣西和平鄉的鄉人百年來渡江（今練江兩岸）均有沉渡之險，葬身者無數，於是親臨江邊築建石橋。建橋工程歷時五載，石橋築成十六個洞時，大峰祖師因過勞而圓寂，鄉人便負起建橋大任，完成餘下的兩個橋洞（橋的設計本有十八洞，供船隻於橋底往來），以遂大峰祖師的夙願，並命名為和平橋（此橋今日猶在）。由於大峰祖師有大德於地方，所以當他死後，村民建了一座報德堂來紀念他，而這座紀念堂，今天已易名為報德古堂，是潮州著名的旅遊點。

明末清初，有傳大峰祖師顯靈，夢兆教導民眾多做善事，救死扶傷，收殮無主屍骸，自此善風遍揚，其信仰於民間大盛，被稱為善堂始祖。香港的沙嶺墳場有一座鮮為人知的宋大峰祖師墓，是 1984 年由普慶念佛社所建造。此墓是以祖師名立的義塚，主要是埋葬青衣島山頭無人認領的潮州先人骸骨。

而油塘福德古廟、福德念佛社、慈雲閣（慈雲閣的一組壁畫，誤説宋大峰祖師姓宋，是以朝代誤作姓之故）、順利邨福德伯公廟、從德善社、觀園修苑、慈善閣、玉霞閣（廟內的宋大峰祖師神像在 2019 年由結業的德恩善堂遷至）、德教紫清閣和紫香閣等廟宇佛堂均有供奉宋大峰祖師。據知，直到二十世紀七十年代，深水埗的潮州社區仍會每年以宋大峰祖師的名義打醮，其香港信眾以潮陽人士為主。

定光佛

屯門三聖墟麒麟崗上的三聖廟，在最後一進的大型神龕內，奉有這尊小小的定光佛神像。

廟宇　三聖廟：屯門三聖墟麒麟崗

功能　問一般吉凶

誕日　農曆正月初六

定光佛指的是一名久在福建活動，死後被視作客家保護神的僧人（三世佛中的燃燈佛，別名亦是定〔錠〕光佛，參見「燃燈佛」條）。定光佛是宋代高僧，俗姓鄭，法號自嚴（934—1015）（《台灣信仰神明大圖鑑》一書稱為自岩），福建同安人。自嚴和尚十一歲出家，晚年在閩西武平南安岩建廟修行（廣東省附近），圓寂後百姓收集他的舍利子塑像供奉，成為當地重要的民間信仰，民間稱祂為現世佛、定光佛、定光古佛、定光大師或定光菩薩等。

福建民間有很多關於定光佛施展神通的故事流傳，如除蛟伏虎、疏通航道、祈雨濟民、日行千里和法懲酷吏等。定光佛信仰在閩台兩地較盛行，香港鮮見其蹤影，筆者暫時僅見屯門三聖廟供有一尊定光佛神像。

月溪法師

廟宇　萬佛寺：沙田排頭村二二一號

功能　問一般吉凶

誕日　農曆三月二十三日（忌日）

月溪法師的真身以大玻璃罩保護，供奉在沙田萬佛寺內。

月溪法師本名吳心圓（1879—1965），於雲南昆明出生，祖籍浙江錢塘，為官宦子弟。他畢業於復旦大學，精於音樂詩詞。由於幼時體弱，終日活在死亡的陰影下，十九歲時看破紅塵，在昆明隨靜安和尚出家，自此向佛之心堅定不移。他曾在 1933 年到香港的西林寺傳法，後於 1949 年來港定居，兩年後創立沙田萬佛寺，佛寺歷七年興建而成。

法師一生傳奇，他初學佛時為顯虔誠之心，曾在佛像前燃燒左手無名指及小指，以效燃指供佛之古風（故他常自稱為八指頭陀），更曾在胸口點燃四十八盞油燈，自虐侍佛。但要數最不可思議之事，則是他圓寂前，對弟子言已煉成金剛不壞之身，故死後可把其屍身密封於木箱內八個月，然後再以金箔塗身，供奉寺內。其弟子依言而行，法師果然成不腐身，於是弟子便將他的遺體塑造成金身，作為肉身菩薩供於彌陀殿，後來在 2001 年初再移到萬佛殿中給善信膜拜，一若南華寺中的六祖惠能及道榮園中的道榮禪師。

道榮禪師

廟宇　道榮園：沙田排頭村一七九號

功能　問一般吉凶

誕日　農曆六月十九日

道榮禪師應是香港史上第一個以真人塑成的金身佛像。

佛教中有即身成佛的說法，在漢傳佛教中，信眾會把死後的大德高僧作天神看待，道榮禪師便是其中之一。

道榮禪師俗名張隨聯（1831—1891），廣東中山小欖人。他在咸豐年間（1851—1861）信奉佛教，隨靜意庵的隨益師太學佛，後在羅浮山寶積寺出家，法號道榮。圓寂前曾指示隨他一同出家的幼子聞修和尚，其死後七天若屍身不腐，不可將屍身入土，要以此身留後世見證。禪師在說罷這番話三日後便寂滅。據其後人所撰《道榮禪師簡介》記載，禪師寂滅時彩雲四射，滿室芳香，歷數日不退，鄉人以其為神，於是為禪師裝上黃金身，就地建寺，寺院香火鼎盛，聲揚十方。但後來寺院被土豪操控，聞修和尚在夢中得禪師指示，奮夜背着禪師的金身南逃香港，誰知卻為羅湖邊境所拒，指聞修和尚為神棍，不准他攜金身過關。聞修和尚為此告上法庭，結果訴訟三年，最後由官方切下禪師尾指檢驗，見有血絲滲出，方知金身之言非虛，才准允入境。

其後聞修和尚輾轉背着禪師金身到達沙田排頭坑村，在禪師夢示下，於山上結草為蘆。沙田一帶的鄉紳知悉這事，紛紛捐助建寺以安置禪師金身，建成的道榮園，成為沙田第一間佛寺。

黃財神

十八鄉港頭村真安寺內的黃財神像。

廟宇　真安寺：元朗十八鄉港頭村

功能　求財富

誕日　農曆八月初四

黃財神是藏傳佛教密宗的神祇，藏名是藏巴拉·些破，為五姓財神之首（其他四姓為綠、白、紅、黑），經常為信奉者獨立供奉。黃財神的神像造型為身穿天衣，金黃色皮膚，左手提一吐寶鼠，右手持布達拉噶如意寶，頭戴寶冠，一身珠寶瓔珞等珍品，左腳彎曲，右腳則輕踏一大海螺，坐在蓮花座上。

傳説黃財神未皈依佛法前，曾救助前往靈鷲宮聽釋迦牟尼講説《大般若經》的信眾，於是得佛祖指引，成為佛教護法之一，在未來世救助一切貧苦眾生。修習財神法門的信眾，只要誠心誦念財神咒（黃財神咒），即可得到黃財神的庇佑，財源廣進及脱離困境。

香港不少密宗佛堂都奉有黃財神，如十八鄉港頭村真安寺就有一座黃財神神龕。

龍王

廟宇　南涌天后宮：沙頭角鹿頸路與南涌交界處
功能　求雨
誕日　農曆二月二十四日

屯門妙宗寺所奉的龍王像。

佛經有所謂八大龍王、十大龍王之説，認為龍王是菩薩化身，在佛教佔有重要地位。祂成為雨神，是佛教傳入中國之後的事。

唐以前，中國的雨神指道教神祇雨師，但自龍王和龍的觀念合而為一後，雨師的地位便被龍王取代，百姓凡久旱不雨，祈求風調雨順，都會向龍王祈求。後來宋真宗時分封了四海龍王各管一方，龍王信仰便生出地區觀念，使龍王由最初只管雲、雨之事的神祇，一躍成為管理大海江河的代表。自此龍王便在各地的江河湖泊，以及城鄉村鎮落戶，與土地和城隍一樣，成為不可或缺的地方神靈。

或許因香港雨水不缺，本港沒有專奉龍王的龍王廟，只有部分廟宇寺院兼奉，如鹿頸南涌天后宮、長洲水月宮和白泥天后廟等；而淺水灣的天后像旁也奉有一個龍王塑像。近年南涌天后宮重建，廟祝移走原有的龍王神牌，改放五尊龍王像供信眾奉祀，分別為中央的鎮海龍王和東南西北四個海龍王，為全港獨有。

神光普照

民間信仰

二伯公

鱠魚涌二伯公廟現只剩神位一座，神位前的小神像是北帝，非二伯公。

廟宇　二伯公廟：鰂魚涌英皇道九八七A
功能　驅疫治病求健康
誕日　農曆九月初十（誕日）和九月二十三日

香港只有一間二伯公廟，廟宇頗為簡陋，不過是木屋一間。廟內只有二伯公神位，沒有神像；供奉在神位前的小神像，則是「北帝」，非二伯公。

二伯公是廣東五華（古稱長樂，即廣東東北部）橫陂鎮夏（下）阜村屋場片人，原名魏和珍，字石樓，又名士貴、宗一，家中排行第二，故名。死後葬在五華橫陂鎮夏（下）阜塘背嶺，穴名【寶鴨浮塘】。

二伯公生前聰敏好學，曾得異人傳授方術，法號和珍二郎，是廣東茅山派開山祖胡法旺的結義兄弟。由於他樂善好施，熱心助人，死後受族人供奉膜拜。清朝咸豐（1851—1861）、光緒（1875—1908）年間，五華飽受土匪滋擾，有言二伯公不單降童人身指示守禦方略，還顯靈擊退賊人，因而受到官府表揚。今惠東縣安墩鎮洋潭村糧米下仍有一座魏公廟，內有一座「玉旨敕封威烈保民魏公仁居和珍侍郎神位」的神位。

光緒十五年（1889），香港鰂魚涌地區出現疫症，當時有二伯公後人聚居區內（推測是打石工人），想起家鄉有奉先祖二伯公之俗，而此神又善於治病，便向二伯公禱告求助，疫症果然漸退。居民有感二伯公的靈驗，便在海濱街立廟祭祀。公娼時代有不少石塘咀的妓女到二伯公廟問卜求事，以及求聖水治療性病，故此民間一直流傳二伯公擅長醫花柳（梅毒），乃性病之神，實是一場誤會。

自政府大力發展鰂魚涌後，二伯公廟被迫遷到濱海街對面的山坡上。二十世紀九十年代初，由英皇道上二伯公廟的山徑還有一座牌坊，後來也被拆了。二伯公廟善信稀疏，只偶有晨運客上香，在香港已是一種夕陽信仰，只有在一些茅山神館的神章之中（特別是茅山青竹教）多見其名字。

七大巡爺

（附：新代巡）

北角鎮海宮供奉的七大巡爺，只得五個神像，稱為新代巡。

廟宇　石獅城隍寶殿：北角書局街二三號美輪大廈二樓F至G座
香港鎮海宮：北角英皇道三九〇至三九四號亞洲大廈二十一樓B座

功能　問一般吉凶

誕日　農曆十二月十五日為七大巡爺誕日，四月十八日為新代巡誕日。

七大巡爺又稱十三省巡按七大巡公或七大總巡，來自福建晉江，一共有七位神祇，神像全作大花臉狀。相傳七大巡爺是紀念明嘉靖三十七年（1558）至四十二年（1563）發生在泉州晉江的倭亂中犧牲的六位義士及抗倭名將俞大猷，該六名義士分別是曾大江、王志國、吳平章、葉猛義、蔡鴻輝和許世民。目前北角區最少有兩間樓上佛堂奉有七大巡爺讓人參拜，信眾全為福建移民。香港石獅城隍寶殿內的七大巡爺分香自石獅寬仁村開山殿，殿內除了供奉七大巡爺外，還另闢神龕供奉七大巡爺夫人，當中除了俞大猷的夫人，其餘六位夫人同樣是在抗倭戰爭中犧牲的，分別是陳惠娘、蘇喬青、姚春華、莊毓珍、施馥芬和蕭毅蓉。

北角另有一批來自泉州的施姓移民在香港鎮海宮供奉七大巡爺，並標榜神靈來自福建晉江西邊村。但相傳當年問杯分香（問杯為民間傳統占卜方法）時，僅五個巡爺願意南來，故廟內只有五個神像，又名新代巡，含代天察民情、巡狩坐鎮海之意。

王陽明

廟宇　南丫島索罟灣某海鮮酒家門外
功能　問一般吉凶
誕日　農曆十二月二十六日

南丫島索罟灣某海鮮酒家門外供奉的石像，酒家老闆認為此石像即理學大師王陽明。

王陽明（1472—1528），名守仁，字伯安，世稱陽明先生，浙江餘姚人，是明代大儒。王陽明提出的知行合一學說，除對中國後世影響深遠外，東南亞和日本等地亦受其學說影響。

全香港獨南丫島索罟灣某海鮮酒家門外供奉王陽明像，其神像全身塑上金漆，豎立在酒家入口旁一神龕內。此酒家供奉儒學大師王陽明的原因，是有段掌故的。話說二十世紀九十年代中，一艘香港漁船到南沙群島捕魚時，意外地撈到兩尊四呎高的石像，船主知是古物，便載回香港安放在索罟灣的魚排上。誰知漁護署在 2001 年下搬遷令，通知船主不可在魚排擺放石像，船主只好把其中一座石像送給內地的學術單位，另一座則送了給酒家老闆。起初大家都沒有深究石像的身份，後來酒家老闆到台北陽明山莊旅行時，發現陽明山公園旗台附近一座王陽明的雕像，其造型與石像竟異常相近，便認定石像就是王陽明，其真偽則不得而知。

大王爺

大埔元洲仔的大王爺（中），圖中由左至右分別是天后、三王爺和二王爺。最右是水仙爺。

廟宇　黃竹坑大王爺廟：黃竹坑南朗山道一號
觀塘大王爺廟：觀塘翠屏南邨翠樂樓後山坡
元洲仔大王爺廟：大埔元洲仔里

功能　問一般吉凶

誕日　農曆三月初一為黃竹坑大王爺誕；農曆二月初九為雞寮大王爺誕；農曆五月初八為大埔元洲仔大王爺誕；鴨脷洲大王爺誕則是農曆三月十六日。

香港很多地方都有大王爺廟，但所指的神靈不盡相同。黃竹坑大王爺廟的大王爺相傳歷史上確有其人，即明太祖外甥李保兒（1338—1384），江蘇盱眙人（前屬安徽省），名諱文忠，曾隨軍抗元，功封曹國公。後因權臣剷除異己，悲憤而死，被追封為歧陽王，為後世所供奉，信眾以潮州人為主。

觀塘大王爺廟供奉的大王爺，相傳為將軍李文忠公，初奉於老虎岩虎尾村木屋區（今樂富），1959 年搬到雞寮（今翠屏邨），傳説能降靈治病。這神的姓名跟黃竹坑大王爺廟所奉的大王爺相同，信徒同以潮州人為主，雖然誕日相異，但來自同一源流的機會很大。筆者認為李文忠公曾駐守樂富之説，應為廟宇的發起人把家鄉神祇移奉到港後生出的附會之説而已。

大埔元洲仔的大王爺廟，大王爺作武將打扮，手持銅鎚，左右各有一神像，當地人稱二王爺（持鐗）和三王爺（持鐵尺），三者背景不詳，有言是黃竹坑的大王爺，也有言即三山國王（參見「三山國王」條），惟現時已無法考證。信奉大埔元洲仔大王爺的信眾清一色是大埔區內鶴佬漁民或其後代，每年的大王爺誕日，信眾都會在大埔舊墟風水廣場搭棚演大戲和龍獅巡遊，在香港眾多大王爺賀誕活動中規模最盛大，更勝區內的天后誕。而沙田亞公角漁民新村的大王爺廟和赤柱的大王爺廟也供有這個造型的大王爺。另外，鴨脷洲大王宮的大王爺有言即趙公明元帥（參見「玄壇伏虎趙公元帥」條），但奉祀的來歷不詳。

查王爺信仰在台灣和福建等地非常流行，王爺二字有指是地方瘟神的名稱，也有指是對某些冤魂厲鬼的稱呼。大王爺在圍村或水上人聚居的社區，是一個極普遍的神靈通稱，不少露天神壇都見其蹤影，乃山神或土地的代名詞。

孔子

西環太白台前香港道德會福慶堂的孔子畫像。

廟宇 孔聖堂：銅鑼灣加路連山道七七號
善慶洞：屯門屯發路一一號（屯門市廣場對面）
玄都觀：柴灣新夏街樂軒台對面

功能 求讀書功名

誕日 農曆八月二十七日和十二月初四（近年內地復興祭孔，誕日是新曆八月二十七日，與民間以農曆計算的傳統不同）。

孔子（前 551— 前 479），名丘，字仲尼，春秋魯國人。孔子是儒家的始祖，被尊為至聖先師，是偉大的教育家和哲學家。祂死後被後人神化，成為國人膜拜的對象，甚至建孔廟來祭祀祂，是古聖先賢由人變神祇的宗教現象。

香港沒有孔廟，卻有很多團體供奉孔子，如孔聖堂、香港道德會（善慶洞）、香港潮僑公益協進會（玄都觀）、隱廬佛社、世界紅卍字會等。香港舊社會流行卜卜齋（私塾）時，每間私塾都供有孔子像，學生入學時要先拜孔聖先師，後拜老師，以示對這個聖賢大儒的尊重。圍村的一些古私塾如厦村新圍的士宏書室、新屋村和屏山橋頭圍的書室至今仍有供奉孔子的習俗。而沙頭角禾坑的鏡蓉書屋雖仍有孔子繪像，但已不再受到村民膜拜。

另外，一些主張三教合流的道觀廟宇，如圓玄學院、賓霞洞、藏霞精舍、雲泉仙館、屯門三聖廟和黃大仙祠等也供有孔子像（黃大仙祠的麟閣除了孔子，也兼奉其弟子）。

孔明

白泥天后廟的孔明神像。

廟宇　香港紅卍字會：銅鑼灣皇龍道二五號
張飛廟：筲箕灣愛秩序村四二二七號地段

功能　求讀書功名

誕日　農曆七月二十三日

孔明（181—234），複姓諸葛，單名亮，孔明是字，別號臥龍先生，瑯邪陽都人（今山東臨沂縣南），死後被蜀漢追封為忠武侯，是中國古聖先賢中由人變神的又一典型。諸葛孔明是中國傑出的文學家、政治家和軍事家，在《三國演義》中更被說成是一個善於陰陽奇門遁甲之術，以神機妙算見長的智者。香港的世界紅卍字會、白泥天后廟、筲箕灣張飛廟和上環文武廟列聖宮等均奉有其神位或神像。

文牙（附：金偉）

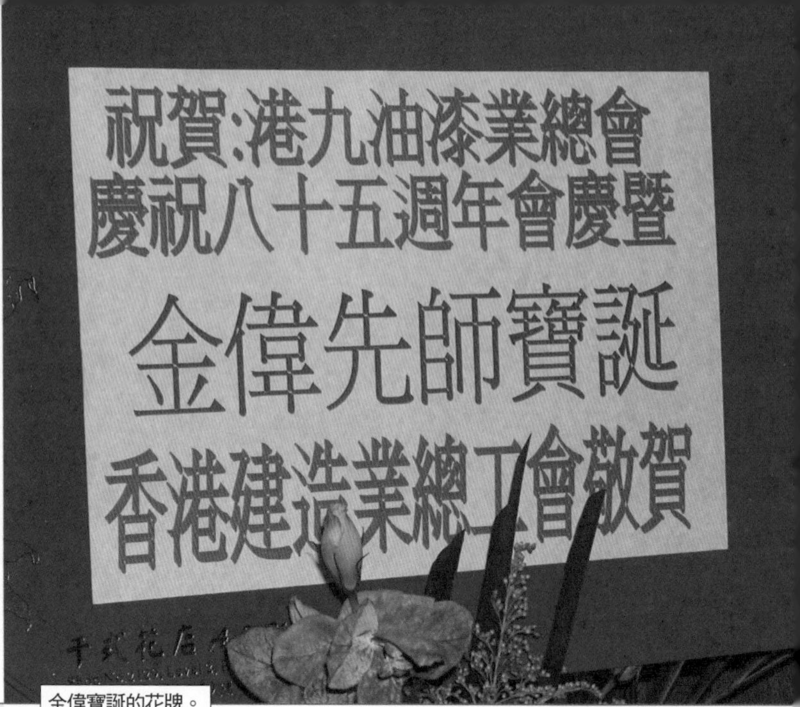
祝賀:港九油漆業總會
慶祝八十五週年會慶暨
金偉先師寶誕
香港建造業總工會敬賀
金偉寶誕的花牌。

廟宇　行業自奉，不對外開放
功能　特殊職業神（保佑油漆工人工作順利）
誕日　農曆七月初五為文牙誕日，農曆二月初五為金偉誕日。

文牙是一名職業神，與金偉同被香港油漆業界視為祖師爺。相傳文牙、金偉本是宋帝的臣子，當年宋帝被元兵追趕，落難至廣東時走投無路，二人見前有破廟後有追兵，便心生一計，叫眾人扮鬼扮馬，喬裝成油漆匠在廟內工作，竟能騙過追兵，救回宋帝一命。二人死後被封為丞相，其事跡輾轉流傳多年後，被香港油漆業界尊為行業祖師。

據一位戰前當油漆工的老師傅告知，他在大王東街的油漆店工作時，店內供有上書敕封文牙金偉大丞相的神位，店主奉在店內是為了祈求工人工作順利。文牙在香港沒有神廟供奉，一般都是私祭，其信仰雖然已漸漸式微，但油漆業工會每年仍會設宴賀誕。金偉是鋪金箔的師傅，而文牙只是一般的油漆匠，但文牙的地位反高於金偉，金偉的誕日一般是連同文牙的誕日一齊慶祝。

香港以外的地方（如內地和台灣），油漆業的祖師是葛洪、魯班、普庵老祖、吳道子或俞伯牙，這明顯跟香港的習俗不同。

包公

廟宇　銅鑼灣天后古廟：銅鑼灣天后廟道一〇號
　　　上環文武廟：上環荷李活道一二四號
　　　紅磡北帝古廟：馬頭圍道一四六號

功能　賞善罰惡

誕日　農曆六月初六

包公信仰在香港不彰，只有一些古老的廟宇才供有其神像，銅鑼灣天后古廟是其一。

包公即北宋名臣包拯（999—1062），字希仁，盧州合肥人（今安徽省合肥市），民間以其為官剛正敢言，不畏權貴，及屢屢平反冤案的政績，稱頌他為包青天。

由於包公深得世人景仰，故死後已由人化身為民間俗神，成為十殿閻羅中的第五殿天子。民間更傳説祂原本鎮守第一殿，但因明察秋毫，經常發現冤假錯案，盡釋冤魂返回陽間，擾亂十殿秩序，才被玉皇大帝貶到第五殿。

香港雖沒有包公廟，但在銅鑼灣天后古廟、上環文武廟、深水埗天后廟、深水埗武帝廟、深水埗三太子宮、油麻地天后古廟、紅磡北帝古廟（與華光並坐在右龕）、旺角水月宮、坑口天后廟、灣仔洪聖古廟、灣仔玉虛宮、鴨脷洲洪聖廟、廣福義祠、白泥天后廟、青山禪院、愛秩序灣南安坊福德廟和錦田協天宮等寺廟均有供奉包公，但其信仰已式微，這或許跟香港的司法制度完善，鮮見冤假錯案有關。

田都爺

（田都元帥）

廟宇　石獅城隍寶殿：北角書局街二三號美輪大廈二樓F至G座
石籬福德古廟：石籬邨石排街石籬天主教小學對面
桃園禪院：北角春秧街

功能　表演順利（音樂）

誕日　有農曆六月十一日或六月二十四日兩種說法。

北角桃園禪院內的田都元帥神像，神像眉心刻有小蟹，暗含田都元帥當年為螃蟹所救的傳說。

田都爺或田都元帥為一職業神，相傳是中國音樂界的祖師爺，據知史上確有其人，但有關祂的事跡說法很多。一說田都爺姓雷，是唐天寶年間人士，全名雷海青，是一個精於演奏琵琶的瞎子。田都爺本是唐明皇時的樂官，後被安祿山所擄時，因不肯為安祿山演奏琵琶而被殺。由於田都爺死得忠烈，唐肅宗時被追封為太常寺卿，在福建一帶受到民間供奉。

既然田都爺姓雷，為何變了姓田呢？原來民間相傳，戲班最忌下雨天影響演出，所以便把雷字的雨部去掉，成了後來的田都爺或田都元帥。由於「都」字有大的意思，所以田都爺或田都元帥又可稱為田大爺或田大元帥。

也有指田都元帥實是安史之亂時，助張巡死守襄陽的守將雷萬春。祂在襄陽城失陷時殉節，死後顯靈救駕，唐王看見天上的雷字旗幟，剛好旗上雷字被雲層掩去一半，以為祂姓田，便封祂為田元帥。

另外，福建民間流傳田都元帥出世時落難，被未婚產子的母親棄於稻田，幸得田邊一群螃蟹搭救，吃螃蟹的唾沫為生，所以福建信奉田都元帥的人都不吃蟹。

據筆者考察所得，香港供奉田都爺的地方，有北角的石獅城隍寶殿及石籬的福德古廟。石獅城隍寶殿的田都爺手持寫有「田厝角田都爺」六字的小牌，相信是由田厝角分香而來；而福德古廟的神位上則寫着田師爺三字，相信是手民之誤。

北角的桃園禪院則有供奉田都元帥的神龕，龕內安有一座田都元帥神像，額頭還刻有小螃蟹，非常精緻，禪院的住持説是一名菲律賓的福建華僑移來坐鎮的。上述三廟均為潮籍或福建人士所建，可見其信眾以粵東或閩籍人士為主。

李益

（李三友）

沙頭角高莆村某私人佛堂中所供奉的李三友繪像。

廟宇　不對外開放

功能　問一般吉凶

誕日　不詳

李益又名李三友，客家人，是乾隆年間活躍於今日深港兩地的風水師，新界不少祠堂和山墳都是得到祂的指點擇地而建。時至今日，新界北仍流傳不少有關李益的風水掌故，其中最廣為人知的，是祂曾幫助沙頭角禾坑李氏在逆境中立村的義舉。由於立村有功，禾坑的李姓村民不單在祠堂設有李益靈位，更有部分村民在村落建廟堂奉祂為主神。這間佛堂很少對外開放，其正殿中央掛有一幅李益手執塵拂的畫作，兩旁各有一童男童女相伴。

新界習神功的客家人均會奉祀西天佛祖，西天佛祖神壇兩旁刻有少林師和三友公的神牌，代表其有一文一武神靈的輔助，其中的三友公便是李益。

李準

李準雖是武將，但其塑像卻是文官打扮。

廟宇　茶果嶺天后宮：茶果嶺道（茶果嶺村村尾）

功能　問一般吉凶

誕日　不詳

李準（1871—1936），原名繼武，派名新業，亦名木，字直繩，又字志萊，號恆齋、默齋，別號任庵、平叔。四川省鄰水縣太安鄉太安里柑子舖李家壩人（今柑子鄉活水溝梔子灣人），出身官宦世家，為清末兩廣水師提督。

李準曾多次到香港，並置有不少物業。在民國初期，他隱居香港，住在羅便臣道 23 至 25 號，自號「居夷道人」，直到 1922 年才遷回內地居住。

此神全港只見於茶果嶺天后宮，有言是因李準在 1891 年捐獻重修該廟，故鄉人立神像以奉，惟神位中的「準」卻寫作「准」。但據他的自傳《任庵自訂年譜》所言，他在 1890 年才首次到香港，按道理鄉人不會為他立像，何況他當時還未有功名。李準身處清末革命的年代，曾鎮壓多次地方起義，後因見革命軍日益強大，他在 1911 年宣佈反正，讓全省人民避過一場戰爭災劫，有大恩於人民，也許為此，才有人為李準立像以祀。

宋朝國王

（宋皇）

大埔鍾氏家族（海陸豐人）所供奉的宋朝國王像；前面的是三眼華光。

廟宇　不對外開放

功能　問一般吉凶

誕日　農曆五月初五。農曆八月初四為宋皇誕日。

相傳南宋末年，宋朝國王被元軍追殺到海豐縣，得當地七姓（麥、李、石、徐、蘇、鍾和梁）鶴佬漁民護送出海避難，雖然宋朝國王最終不幸淹死，但七姓漁民護駕有功，宋朝遺臣便對他們論功行賞。自此以後，七姓漁民的後人便奉宋朝國王為家族神，以示感恩。後來石姓、鍾姓和李姓的後人因移居大埔元洲仔，把家族信仰帶到香港。這三姓人在每年端午節凌晨，均有划午夜龍舟的傳統習俗，他們會帶着宋朝國王的小神像隨龍舟出海去遊船河，以紀念祖先護帝出海的光榮史。

現時，香港除了大埔的石、鍾兩姓（李姓後人已把宋朝國王神像送返內地）供奉宋朝國王外，德教在石澳的紫香分閣也供有宋皇，但未能確定兩者是否同一神祇。

林則徐

石鼓洲戒毒所骨灰龕內的林則徐神像長期受戒毒者膜拜。

廟宇　石鼓洲（此島為禁區，要申請才可進入）

功能　特殊職業神

誕日　不詳

林則徐（1785—1850），字元撫，號少穆，福建侯官（今福州）人。林則徐生前曾任湖廣總督，在任期間力倡禁鴉片煙；1838 年獲委任為欽差大臣到廣東禁煙，命令外國商人交出鴉片，然後在虎門銷毀，事件震驚中外，史稱虎門銷煙，為清一代名臣。由於林則徐是禁煙先驅，香港石鼓洲戒毒所為祂塑了一個神像，放在島上的骨灰龕中供奉，為全港獨有的禁毒之神。

車公

（車大元帥）

元朗舊墟大王古廟的車公像手握斧頭，非常威武。

廟宇　西貢蠔涌車公廟：西貢蠔涌路

沙田車公廟：沙田大圍車公廟路七號

二聖宮：元朗橫洲忠心圍

楊侯古廟：元朗廈村鄉新慶圍西部

廈村車公廟：元朗屏廈路羅屋村對出河邊

功能　驅疫治病求健康

誕日　農曆正月初二（生忌）、六月六日和八月十六日

香港民間一直流傳車公是南宋軍人，負責殿後保護宋帝南來，為楊侯下屬。香港有三間車公廟，分別位於西貢蠔涌、沙田大圍和元朗廈村鄉羅屋村外。其中沙田的一間最廣為人知，乃是崇禎末年，沙田一帶發生瘟疫，村民從蠔涌請來車公的一座小神像到鄉中巡遊抗疫，果然大收其效，疫症消除，村民為酬謝神恩，車公從此分鎮沙田。

另外，橫洲二聖宮（二聖即洪聖和車公）、廈村新慶圍楊侯古廟、元朗舊墟大王古廟、大圍侯王宮、塔門天后古廟、大澳新村天后廟和赤柱天后古廟等都供有車公。而一些佛堂或圍村神廳也會供奉車公，稱南昌五福車大元帥，如牛池灣萬佛堂、賓霞洞及油麻地天后古廟、屏山上璋圍及錦田吉慶圍神廳等。

筆者曾拜訪全港供奉車公的廟宇，發覺車公的

神像造型，可綜合為四大類：持斧的車公多在新界西的廟宇看到，舊沙田車公廟（車公廟後）和蠔涌車公廟的車公則是傳統文官打扮，至於新沙田車公廟內的豎劍昂立型神像，則是廟宇於 1994 年擴建後才出現的新造型；而在廈村鄉的一間，是 2010 年重建的，廟內的車公神像雙手捧着元寶，總覺有點新不如舊。

車公雖是個抗疫之神，但千百年流傳下來，已變成了一位改運的象徵，每年農曆正月初三赤口日都有不少善信去參拜車公，祈求轉過廟內的風車可以運轉乾坤。

民間稱車公為車大元帥，不少廟宇把《通勝》上列的車大元帥誕日（農曆三月二十七日）説成是車公誕。筆者對這看法存疑，因《通勝》記載神誕的標準很一致，同一神號的神祇不會出現前後不一的稱呼。故此相信《通勝》列的車公與車大元帥，並非同一神祇。

金花娘娘

坪洲金花廟內奉有一尊金屬製的金花娘娘像（圖左一）。

廟宇　金花廟：坪洲永安台一一A（天后宮左邊巷子進入）

功能　求生育

誕日　農曆四月十七日

金花娘娘是廣東民間信仰，以前廣州河南（珠江南）有一間金花娘娘廟，香火極盛，但自新中國成立後廟宇日漸荒廢，現在已不復存在，只剩一條金花街以資紀念。

相傳此神姓金名花（1374—1389），明初廣州人，當時廣東巡撫夫人難產，夢見神仙說，只要找到金花這女孩，夫人便會度過難關。巡撫於是派人四出尋找金花，金花登門後，夫人果然順利產子。金花後來被傳為懂得巫術的巫女，人人對祂鄙而遠之，更沒有人願意娶祂為妻。金花羞慚下跳湖自盡，死後屍體數日不壞，旁邊更浮出一個容貌與金花相似的小木像。人們見狀均認為金花是再世水仙，其中有一個名陳光的村民便在湖邊建廟安放木像，廟宇名為金花小娘廟，湖泊亦名為仙湖。後來廟宇失修倒塌廢置，到了 1469 年，當地巡撫陳濂才安排重建，廟宇改名為金花普主惠福夫人廟。廟宇在嘉靖年初因破除迷信的理由遭拆卸，及後在廣州河南地區重建，定名為金花廟。

筆者曾在圍村見過稱金花娘娘為金花普主胡氏夫人的神牌，有人認為是金花隨夫姓之故。若此言屬實，那就與金花娘娘處子投河的傳説截然不同。依筆者推測，這個金花普主胡氏夫人神位實指金花娘娘和胡氏夫人二神。原因是昔日廣州金花廟有二十奶娘神（參見「十二奶娘」條），都是金花娘娘的下屬，當中第一位奶娘就是保痘夫人胡氏，或許天花在古時流行兼難醫，膜拜保痘夫人的善信眾多，是二十奶娘之首，地位僅次金花娘娘，於是胡氏的名號緊隨在金花娘娘後，才有此誤會。

金花信仰的大盛跟中國婦產科醫療落後有密切關係，婦女把祂視作催生神或生育神看待，信仰遍及珠江三角洲。全港最著名的金花廟在坪洲碼頭附近，而元朗舊墟二帝古廟、泰亨鄉天后宮、元朗東頭村天后古廟、大澳新村天后古廟（以前大澳新村會在金花娘娘誕日演大戲）、青龍頭天后宮（廟宇近年重修後，將金花殿改建成金花廟）和佛堂門天后古廟等都有供奉金花。另外，大部分圍村神廳均設有金花的神位，可見金花信仰在古時非常盛行。

有言坪洲金花廟非常靈驗，已故著名演員關德興晚年經常到此廟宇拜神。時至今日，關德興的後人和徒弟（白鶴派）在金花誕日仍會到廟宇舞獅賀誕，為當地一大盛事。坪洲金花廟內另有一柳氏夫人神，此神祇乃金花娘娘的乳母，曾在佛山石龍街有專廟供奉，亦以求子聞名。

林七仙娘

（李林仙娘）

坪洲悅龍聖苑兼奉的林七仙娘神像，原為一島民自奉，後來島民把神像捐出，才移到廟宇旁的平房供廣大信眾奉祀。

廟宇 悅龍聖苑（龍母廟）：坪洲東灣志仁街一五號地下
純陽仙洞：堅尼地城德輔道西四四四至四五二號香港工業大廈二十一樓F室

功能 驅疫治病求健康

誕日 農曆四月初四（誕日）、五月十九日（出嫁日）、十月二十八日（飛昇得道）

林七仙娘原名林玉琼，乾隆年間新會羅坑嶺背村人，後嫁入新會七堡邦頭里李家為媳婦，又名李林仙娘。林七仙娘之稱相信與祂是新會七堡的民間俗神有關。相傳祂準備成仙飛昇之際，遭一孕婦意外打擾，肉身由半空墮入六甲村龍津墟的稻草堆內死亡，屍臭七日後復香七日，惹來邦頭里和六甲村的鄉民爭奪，最後眾人在鴉鵲渡龍母廟側設壇問事，規定香煙飄向東方即邦頭里勝，反之由六甲村得香屍，誰知香煙不偏不倚直上青天。鄉民只好再問上天指點，林七仙娘即顯靈叫眾人給祂就地安葬。鄉民遂紛紛解囊，在當地建仙娘廟，藏屍龕底。及後林七仙娘屢顯神蹟，地方官員奏表朝廷，獲乾隆敕封「懷清表潔貞烈維風」八字。

民間相傳林七仙娘能顯靈醫治疾病，目前新會有兩間廟宇奉祀祂，除了仙娘廟，還有一間是改建林七仙娘舊居而成的仙婆祖廟。香港只有坪洲的悅龍聖苑和西環純陽仙洞分別供有祂的神像和畫像，信眾以新會人為主。

岳飛

香港只有一間岳王古廟，所奉的岳飛神像造型似文官多於武將。

廟宇　岳王古廟：銅鑼灣電器道一五八至一六〇號

功能　問一般吉凶

誕日　農曆二月十五日是岳王誕（隱廬佛社則以農曆四月十五日為誕日）。

岳飛（1103—1142），字鵬舉，宋相州湯陰永和鄉人（今河南湯陰縣），是宋朝著名的抗金將領。岳飛勇抗金兵，力保南宋江山，然而卻被秦檜日降十二金牌召還並殺害，終年三十九歲。

宋孝宗繼位後，為岳飛平反，淳熙五年（1178），詔復官位，謚為武穆。寧宗時追封鄂王，改謚忠武。明代拜岳飛之風極盛，道教更吸納祂為護法元帥。後來清政府刻意壓制其信仰（清初以後金之名立國，岳飛力抗的金人便是滿人的先輩），實行揚關帝抑武穆的手段，岳飛信仰遂逐漸式微。目前香港只有一間岳王古廟，而中環的隱廬佛社則供有其神位，稱為忠義仁勇岳武穆將軍。另外，在世界紅卍字會的道壇內，岳飛則成了監壇神。

和合二仙

孖公仔形象的和合二仙是祈求姻緣、人緣者的最愛。圖中神像在灣仔玉虛宮修葺前拍攝。

相傳和合二仙是寒山和拾得兩位詩僧，兩人是唐貞觀年間人。由於寒山隱居天台山的寒岩中，故得名；而拾得本是一名孤兒，取名拾得是有從路上撿回來的意思。

寒山和拾得是一對感情要好的朋友，經常和詩唱偈，頗負盛名。後來他倆在蘇州楓橋定居，合力建成著名的寒山寺，二人的事跡因而流傳千古。

清雍正年間，寒山和拾得被封為和、合二神，自此善信奉和合二仙為和合之神，成了民間鍾愛的神祇。而兩位老僧的神靈形象也慢慢返老還童，成為現今的童子模樣。

和合二字在古時本指婚姻而言，後人引申為和睦、調和、順利之意，泛指一切人緣。和合二仙的造型頗具深意，和仙手持一瓣荷葉（或禾穗），而合仙則手捧全盒，意思是取其和、合的諧音。香港一些歷史較悠久的廟宇，如上環文武廟旁的列聖宮、灣仔玉虛宮和太平山街的廣福義祠，都供有和合二仙像，但不設神龕，只安在廟宇一角，可見其信仰不彰，但多年前上環文武廟外突然加裝了一棵道具桃花樹，下奉和合二仙，以供善信結姻緣絲帶於樹上，以祈二仙庇佑，結果大受歡迎，二仙之名終再入時人耳目。2006 年大埔泰亨鄉天后宮附近的一棵連理樹下（或許是取其連理和合之意），有人建了一間和合二仙神龕，這可是全港獨一無二的和合廟了。另外，香港圍村的列聖神牌常見一個名為年月招財和合童子的神祇，當指二神而言。

據學者考證，清雍正以前，和合仙並不是指寒山和拾得，而是指一個叫萬回的唐僧。萬回又稱萬回哥哥，本姓張，生而痴呆，相傳年輕時能日行萬里尋兄，所以稱為萬回，信眾膜拜祂有求家人早日團聚、吉祥喜慶之意。

廟宇　上環文武廟：上環荷李活道一二四號（列聖宮內）
泰亨鄉和合二仙神龕：大埔泰亨鄉天后宮附近連理樹下

功能　求姻緣、人緣

誕日　農曆六月二十四日

周王二公

錦田鄧氏家族每十年舉辦一次的太平清醮，都會於周王二公書院張掛周王二公的畫像，供人瞻仰。

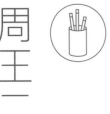

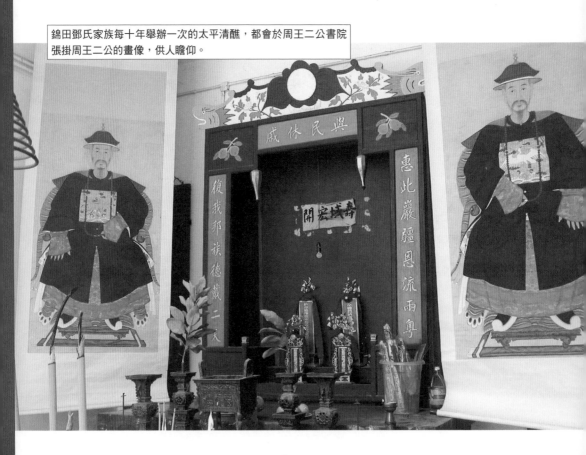

廟宇　周王二公書院：錦田水頭村便母橋旁

功能　問一般吉凶

誕日　由於祭祀周王二公的組織有兩個，所以周王二公在香港的誕日也有兩個，分別是農曆五月十九日和六月初一。

周王二公指的是清朝官員周有德和王來任。二人是地區神祇，在新安縣（包括香港和深圳）和潮州都有廟宇。

周有德，字彝初，於康熙六年（1667）為兩廣總督（即廣東和廣西兩省的最高行政長官）。王來任，字宏宇，又名毅菴，於康熙四年（1665）為廣東巡撫（相當於廣東省長）。由於兩人在康熙年間的廣東遷界事件中，屢次上疏反映廣東沿海人民的疾苦，力陳遷界政策的禍害，故新安縣沿海居民在 1684 年遷界令撤消後，為感激二人上奏廢除遷界令的恩德，遂建了最少三間祠堂紀念他們。

其中一間在上水石湖墟，名為報德祠（又稱巡撫廟），該祠堂於 1955 年發生火警燒毀後，二人的神位便移到周王二院有限公司供奉。另外兩間祠堂分別是錦田北圍水頭村和沙頭角的周王二公書院，惟沙頭角的周王二公書院現已廢棄。而建於 1685 年的北圍水頭村周王二公書院，是目前最具規模的周王二公廟，書院內藏有二人畫像；錦田每十年舉辦一次的太平清醮，就在這裏舉行。另外，相傳錦田水尾村天后古廟內，本亦奉有周王二公，惜重建後撤祀。這事是否真確，因年代久遠，目前已很難考證。

新界一些歷史較悠久的老村，特別是在新界西一帶的鄉村，其神廟或神廳內都有周王二公的名字，其中祥降圍武帝寶殿和屏山坑尾村洪聖宮更罕有地供有王來任的神像。

洪德天尊

廟宇　不對外開放
功能　問一般吉凶
誕日　農曆正月初九為忌日，正月十七日為入道紀念日，三月十九日為成道日，八月十六日為生忌。

洪德天尊神像由其弟子供奉在元朗某村佛堂內。

洪德天尊是近世才在香港出現的女神祇，只有數十年歷史，本姓李，中山人，生前是一名佛道雙修的靈媒，在二十世紀九十年代初去世。由於她生前替人治病驅邪，救人無數，故逝世後，其弟子為感其德，便在元朗建了一間祠堂供奉祂。據知祠內的神像是依照李氏原貌塑造，是一個老婆婆模樣。而洪德天尊之名，含有廣大德行之意，是由扶乩所得。

該祠負責人每逢天尊的生忌均會預備粥食予信眾享用。這祠除供奉洪德天尊外，還兼奉呂祖、關帝和藥師佛。

胡靖先師

廟宇　港九金飾珠寶業職工會：旺角上海街四四六至四四八號富達商業大廈一字樓（只限會員）

功能　特殊職業神

誕日　農曆十二月六日

香港並沒有胡靖的神位，只在港九金飾珠寶業職工會掛有一臉部浮雕。

胡靖（960—997），是香港打金（金飾首飾製作）行業的祖師，祂的來歷説法有二。有説胡靖是宋朝人，精於製作五金器具，因技藝高超為朝廷所用，後因無端捲入宋真宗的奪位風波而被真宗暗殺。

另據鄭永美著的《檳城行幫史略》所記，胡靖是清中葉人士，原名胡武撰，祖籍福建省汀州府永定縣下洋鎮中川鄉人，是南洋華僑，曾在檳城經商，卒於咸豐元年（1851），死後被檳城銀匠祀為祖師。檳城有一庇能打金行的行會，其會所便供有胡靖的神位，上書「敕封工部尚書文華殿內閣大學士胡靖祖師神位」。另外，廣府人在仰光建的觀音古廟也有胡靖神位，其位置與魯班先師神位並列。

香港並沒有胡靖先師廟，但港九金飾珠寶業職工會內掛有一幅胡靖先師的臉部浮雕，以其為行業祖師之故。每年胡靖先師誕日，港九金飾珠寶業職工會都會設宴賀誕，情況一如三行（從事與建造業有關的工人）的魯班誕般熱鬧。

招利聖君（張老伯）

壽

賞 罰

數香港最威猛的招利聖君像，慈雲閣這座神像當為第一。

廟宇　招利聖君古廟：順利邨道三號（電力站對上）
嶺南古廟：油塘高超道嶺南上村六三至七三號
慈雲閣：慈雲山慈雲山道一五〇號（基慈小學旁）

功能　賞善罰惡、查察壽緣

誕日　農曆正月十九日、五月初六或十二月三十日

招利聖君（舊稱昭利聖君）是潮汕一帶的地方神祇。相傳史上確有其人，本姓張，字招利，諱老蒜，信眾俗稱他做張老伯。

有關招利聖君的來歷資料不多，一般流傳兩個截然不同的說法。據一份印有其畫像的像贊所記，招利聖君生於宋紹興十七年癸卯五月初六（紹興十七年為 1147 年，該年應是丁卯，非癸卯），河北人，曾在岳飛麾下領兵抗金，後來避難到粵東潮州揭陽石埔溪鄉，在當地設帳授徒，隱居侍母。民間發生饑荒時，他必出錢出力救濟災民，又四出殮葬無人認領的屍骨，故深得鄉民敬重。招利聖君眼見宋朝大勢已去，在憂國憂民的情況下，為求上天能解救萬民於水深火熱，在崇慶壬申年口月二十九日在江邊祝禱後，投江自盡（查南宋沒有崇慶這年號，且年份也有誤），希望可以犧牲己身，以化解

眾生之業。

相傳由於東嶽大帝（道教神譜中掌管地獄的神祇）感念招利聖君的偉大情操，於農曆正月十九日封他為攝引使者勾魂管帶，即是我們常說的勾魂使者，負責把守地獄七橋中其中一條的橋頭。

另外，據油塘嶺南古廟內竹林洞（一間奉祀張老伯的廟宇）所傳，張老伯是宋朝書生，為潮陽人士。某年適逢年關將近，張老伯因沒有錢回家過年，便拿身上僅有的錢到賭館碰運氣，誰知連場敗北，他羞愧得投河自盡，屍體由潮陽漂流到揭陽才被人發現安葬。因傳言張老伯死後成為管理陰間諸事的勾魂使者，於是受到民眾供奉，今揭陽鯉湖村還有一間招利聖君廟。

招利聖君的造型相當獨特，祂頭戴員外帽，左手持煙槍，右手露出整條臂膀，高舉一把寫有「善惡分明」四個大字的葵扇。全港只有順利邨道旁的一間招利聖君古廟專奉祂，兼奉的廟宇分別為油塘嶺南古廟、慈雲閣、大窩口的關帝古廟、觀塘大王爺廟、竹園後山的龍鳳閣和慈善閣佛堂等，參拜招利聖君的善信一般都會帶備乾煙絲和酒作為祭品。

另外，潮汕人士相信一般神靈在謝灶後都要上天庭述職，故廟祝會拉上幃幕，遮蓋神像，以示神靈不在廟內，但拜招利聖君卻無此限，原因是祂有救人續命的神格，那可是分秒必爭之事，故招利聖君是年中無休的。

姚大聖母

在民俗研究者的眼中，姚大聖母是屬於處女神祇的一種，這種女神信仰活躍於客家地區。此圖攝自荃灣芙蓉山烈女宮。

廟宇　烈女宮：荃灣芙蓉山
功能　擇日諏吉、問一般吉凶
誕日　農曆六月十六日為成仙日，十月十六日為生忌。

姚大聖母俗名姚蘭薇，廣東潮陽人，死時只得十七歲，為一鶴佬女神。相傳明弘治年間，有盜賊李志祥等擾亂潮陽一帶，盜賊在搶劫民眾時見姚蘭薇貌美，便想污辱她，但她寧死不屈，更跳崖自殺以保貞潔，其後她的屍首漂流到博羅，被漁夫撈起就地安葬。事後朝廷感其貞烈，便誥封她為烈女，後來村民在她埋骨處，建了一座烈女宮祭祀。

如今在博羅三家村公莊白塘（又稱石壩觀音閣）仍有一座烈女宮，據説當地村民每三年會舉行一次出會，地方信眾仍然非常多。

香港有三間廟宇供奉姚大聖母，除了牛潭尾的一間叫姚大聖母廟，另外兩間在荃灣芙蓉山和蓮花山的都稱烈女宮。傳聞當年姚大聖母降童到一名住在馬閃排村的客家婦人鄧洪嬌身上，故替人治病占卜屢有神效，以至此神在荃灣的名聲也特別響亮。

柳春芳

柳春芳經常有乩語降示世間，是香港德教紫靖閣所供奉的主要神靈。

廟宇　德教紫香閣：石澳村四一一至四一三號二樓（不對外開放）
功能　問一般吉凶
誕日　農曆九月二十日

據德教紫靖閣出版的《紫靖詩鈔》所記，柳春芳本名渾，是唐天寶年間（742—756）人。他事親至孝，精通經史，為天寶進士，官升至平章事。由於生性剛直，柳春芳給委任為太子太傅，以道德要義教於宮中，閒來專心研究道學。

柳春芳七十二歲那年，得異人指點，辭官入紫陽山元化寺修真，終成正果。在港信奉柳春芳的人，多數為德教的潮州人，祂的名字多見於扶乩儀式中，其神像則極罕見。德教的紫香閣奉有一尊手持塵拂作道士狀的神像，而紫靖閣則奉有其畫像。

風雨聖者

（聖者仙師）

慈德善社供奉的風雨聖者神像。風雨聖者信仰在香港鮮為人知，在潮州一帶則有眾多聖者廟。

廟宇　慈德善社：九龍塘金巴倫道五三號（不對外開放）

功能　求雨

誕日　農曆十一月十七日

風雨聖者是粵東的民間俗神，專司降雨之事，是一名雨仙。他本名孫道，生於南宋乾道九年（1173），為廣東揭陽縣炮台鎮（登崗鎮）孫畔村人。相傳他生前屢顯神蹟，救萬民於水火凡十二年，後來在寶峰山旁樟樹之巔升仙。這事後為宋帝知悉，遂封他為風雨聖者。據稱目前在潮汕一帶共有七十二間聖者廟。風雨聖者信仰在 1947 年已見於香港，信眾以潮籍人士為主，本港的廟宇不多，其中以九龍塘慈德善社的規模最大，社員全為商人，不少人姓楊，稱風雨聖者為聖者仙師。

高懷德

舉凡設有乩壇的廟觀都奉有護壇神靈，屏山金蘭觀的護壇神靈便是北宋名將高懷德。

廟宇　金蘭觀：元朗屏山唐人新村二四〇號

功能　問一般吉凶

誕日　農曆十二月初二

高懷德（926—982）是宋初名將，字藏用，真定常山人（今河北正定縣西南），為宋太祖趙匡胤的妹夫。高懷德為宋朝的開國功臣，由於功高蓋主，趙匡胤忌他擁兵自重，不利政權，於是在酒宴談笑間收回他與石守信等將領的兵權，史稱「杯酒釋兵權」。香港僅屏山金蘭觀奉高懷德為鎮壇神將，稱為高將軍，在觀前右神龕供有其畫像。

真君大帝

真君大帝信仰在青衣島很盛行。

廟宇　真君廟：青衣楓樹窩路九A號
功能　問一般吉凶
誕日　農曆三月十五日

相傳真君大帝來自福建，本姓吳，為一名武將，在南宋理宗時（1225—1264）因對抗海盜有功，深得粵東沿海人民稱頌。有言他死後在廣東龍崗顯靈，當地居民將此事奏報朝廷，宋理宗便追封他為真君大帝，並下詔各鄉建廟塑像供奉，其信仰因而在民間廣傳。

現時青衣有一間真君古廟奉真君大帝為主神，而附近的達摩廟也兼奉祂在廟內。據知，其信仰是由昔年移民島上的海豐籍灰窰工人帶來。時至今日，島上的海豐人每年都會搭棚演大戲賀誕，真君誕與由客家人主辦的天后誕同為青衣島每年重要的民俗活動。

近年港人劉健宇君在遍查縣志及往潮汕各屬作田野考察後，得出真君大帝乃是晉代孝子吳猛之說，乃真君大帝身世研究的一大突破。

張騫先師

廟宇　八和會館：油麻地彌敦道四九三號展望大廈四字樓A室（只限會員）

功能　表演順利

誕日　農曆三月二十八日

八和會館的神牌除有華光、田竇二師之外，還有張騫先師的神名。

張騫先師（與西漢出使西域的張騫不同）是粵劇界四位祖師爺之一，為清中後期人，又名張五，戲行中人稱他為張師傅，綽號攤手五。

張騫本是湖北名伶，雍正年間因得罪權貴而避難廣東佛山，以教劇為生。其時，廣東粵劇並不發達，張騫先師有見及此，便把京派崑曲技法傳授給戲行中人，慢慢確立粵劇的曲調和體系，一新粵劇的面貌，其後他創立的瓊花會館，影響廣東粵劇的發展至鉅。戲行中人為了感激張騫改革粵劇之功，便追奉他為祖師爺。香港八和會館會址便供有張騫先師的神位。

張仙

大澳關帝古廟的張仙像是按照傳說塑造，形象生動。

廟宇　大澳關帝古廟：大澳吉慶後街

功能　求生育

誕日　農曆十一月二十三日

張仙曾是家喻戶曉的祈子之神，其信仰在民間廣為流傳，但來歷則頗堪玩味。有指張仙是四川道士張遠霄，懂得彈弓絕技（即丫叉），能百發百中。相傳他在五代時（907—960）遊青城山得道，死後顯靈，能以手中彈弓為人打退災劫，但最初的神格並不包括求子。

張仙之所以成為求子之神，其實與祂的妃子花蕊夫人的一次謊言有關。相傳宋太祖趙匡胤發兵攻打後蜀，後蜀君主孟昶兵敗降宋。趙匡胤便把花蕊夫人據為己有，由於花蕊夫人仍記掛前夫，便把孟昶持弓的畫像帶到宮中懸掛，以解相思之苦。趙匡胤發現後問罪於花蕊夫人，花蕊夫人便託辭是四川舊俗，謂畫中人為送子郎君張仙，懸掛其畫像有求子之意。

趙匡胤亦不虞有詐，事件傳到宮外，汴京婦女便信以為真。張仙為送子郎君的信仰很快便在民間廣為流傳，老百姓紛紛在屋內懸掛祂的畫像以求子嗣。從此，民間不理張仙是孟昶還是張遠宵，只知祂能為人間送子，是祈子之神。

古人的筆記小説還記有一則張仙的逸事。有説宋仁宗在嘉祐年間（1056—1063）做了一個夢，夢中見五縷長髯的張仙帶着彈弓，自言只要把祂的畫像掛於宮中，就能用彈子射走天狗星，助仁宗求得子嗣。由此可證明，張仙在古時已是深入民心的求子之神。

張仙信仰在香港並不盛行，也鮮為人知，故此本港只有少數廟宇供奉祂。大澳的關帝古廟、上環的文武廟、南涌協天宮和梅窩的桃源洞都供有張仙，其中大澳的張仙立像腳踏天狗，手握圓彈，神像按照傳説塑造，可見製作神像的工匠，熟知典故。

另外，張仙本是個獨立神祇，但民間竟視祂為關公的從神，受關帝差遣。故此上環文武廟、南涌協天宮和大澳關帝古廟等奉有關公的廟宇才會兼奉其神像。

張仲景

南涌天后宮的張仲景神像，是一個大鬍子醫神造型。

廟宇　南涌天后宮：沙頭角鹿頸路與南涌交界處

功能　驅疫治病求健康

誕日　農曆八月十八日

張仲景，名機，史上確有其人，為東漢醫學家，今河南南陽市人，其作品《傷寒雜病論》和《金匱要略》直到今天仍被奉為中醫聖典，影響深遠，故有醫聖的稱號。

由於張仲景在世時懸壺濟世，他棄官從醫的高尚情操和精湛的醫術贏得了後世的尊敬，後人便在河南南陽市修建醫聖祠來紀念他。張仲景信仰在香港並不流行，只有少數廟宇供奉祂，如鹿頸南涌的天后宮奉有其神像，據知為信眾多年前送贈，而道壇飛雁洞則會每年舉行賀誕法會紀念祂。

康王

（康保裔／康真君）

鯉魚門廣福閬苑所供奉的康王大帝（康保裔），神像兩旁分別是車公（圖右）和華光（圖左）。

廟宇　三聖廟：屯門三聖墟麒麟崗

紫陽洞佛堂：深水埗呈祥道紫陽洞村二八號（元清閣之下）

功能　問一般吉凶

誕日　農曆七月初七

有關康王的來歷，民間的說法多且亂，歷史上被封為康王的神祇眾多，一般民眾很容易將不同的康王混淆，筆者嘗試以香港的康王信仰來分條理清眾康王的區別，現先就較多人認識的康保裔說起。

今人王兆祥編的《中國神仙傳》引清《癸巳存稿》指康王廟遍及福建、江西和山西省等十二個縣市，所奉的康王計有：周康王、楚康王、宋康王、康佑和康保裔等，其中影響最大的是康保裔。

康保裔，河南洛陽人，是宋代抗遼將軍，祖父和父親均戰死沙場。宋真宗咸平三年（1000）契丹入侵宋境，康保裔在沙場上為國捐軀，朝廷有感他三代忠烈，便立廟奉祀，百姓尊稱他為康王。

香港沒有康王廟，兼奉的廟宇則有長春精舍、屯門三聖廟和鯉魚門的廣福閬苑。據廣福閬苑的負責人相告，廟內所奉康王由家鄉湛江請來，當地康王廟所奉的康王，全名是「王封道果無流真君康王大帝」，相信是道教將康保裔列入神仙系統後，加封為「皇封道果無流康公真君」的別稱。

康王（趙構）

錦田水尾村天后古廟偏殿奉有一尊康王（趙構）的小神像。

廟宇　水尾村天后古廟：錦田水尾村六二號（不對外開放）

功能　問一般吉凶

誕日　不詳

新界錦田水尾村天后古廟偏殿有一尊康王神像，此康王與前述的康保裔不同，祂是民間傳説「泥馬渡康王」的主角——南宋高宗趙構。據錦田鄧氏家族口耳相傳，趙構的女兒趙氏皇姑（失名）為錦田鄧氏七世祖鄧元亮的媳婦，故此康王（趙構）跟錦田鄧氏家族有姻親關係。

趙構（1107—1187）是南宋開國之君，初封康王，靖康之難後，即位南京，偏安江左。相傳他為金國人質時，趁機逃脱，金兵追到江邊而無法過渡，幸河裏躍出神馬助他渡江才安然無事。他渡江後下馬視之，竟是對岸廟內的一匹泥馬，就成了泥馬渡康王的傳説。筆者認為這傳説不過是康王為證明其皇位是上天所授而耍的一點把戲而已。

水尾村所奉的康王像不到百年時間，相傳是戰前一名尼姑夢見天后，天后囑咐她到水尾村助鄧氏重修天后廟的屋頂，修葺完畢後她建議鄉民在廟內供奉本是家族姻親的康王，鄉民便把祂安在天后廟內，供奉至今。

康公
（康元帥）

廟宇　長洲水月宮：長洲觀音灣路

功能　問一般吉凶

誕日　農曆七月初七為誕日，正月初九為得道日。

長洲水月宮中奉有康公的手繪像。

香港沒有廟宇專奉康公，筆者僅在長洲水月宮的偏殿中龕見其蹤影，所奉的是一張手繪畫像，神相作文官打扮，上書康公爺爺四字。民間相傳康公是隋末唐初的一名落難將軍，戰敗後逃到嶺南，為了避難便隱姓埋名，行醫濟世，得到村民的愛戴。又有言他的醫術精湛，是得力於一隻小鸛鳥的幫助，因康公曾救鸛鳥一命，為了報恩，每當康公為村民開藥時，牠都會啣着一株仙草放到藥包內，病人服用後便會立即痊癒。（此說跟《三教源流搜神大全》中的康元帥條相同。）

另外，傳說又指康公在河邊走投無路，適逢一群鴨子游過，他便踏着鴨背如登萍渡水般過河，逃過大難。為感激鴨子相救之恩，他發誓永不殺害鴨子，影響所及，康公的信徒也要戒吃鴨鵝。

尉遲恭

2006 年筆者在西貢墟附近發現一間安有唐朝國公尉遲先師神位的打鐵舖，可見香港仍有人奉其為冶鐵業祖師。

廟宇　筲箕灣天后古廟：筲箕灣東大街五三號
　　　茶果嶺天后宮：茶果嶺道（茶果嶺村村尾）

功能　特殊職業神

誕日　不詳

尉遲恭（585—658），初唐大將，字敬德，朔州善陽（今山西朔縣）人，因貌似胡人，時人稱祂為胡敬德，與秦瓊是常見的一對門神。尉遲恭是李世民手下一名猛將，在玄武門之變中扮演重要角色。李世民曾想把女兒許配給他，但他為人正派，不願拋棄糟糠，故婉拒好意。他晚年篤信方術，杜門謝客，整日在家煉丹修真。

尉遲恭除了被民間封為門神（參見「門神」條）外，更是冶鐵業的祖師爺。相傳他曾當過冶鐵工人，故死後被奉為冶鐵業的保護神，筆者在西貢墟附近就曾見過一間五金打鐵舖奉有祂的神位。另外，筲箕灣天后古廟觀音殿和茶果嶺天后宮魯班殿都設有唐朝穆國公尉遲恭先師的神位。這兩處曾是修船和打石業的集中地，奉有冶鐵業祖師是自然不過的事，只可惜隨着行業的式微，其信仰也衰落，連誕日亦失傳。

陸秀夫

廟宇 德教紫香閣：石澳村四一一至四一三號二樓（不對外開放）

功能 問一般吉凶

誕日 農曆十月初八為誕日、二月初六為忌日

宋亡三傑之一的陸秀夫，其神位默默地奉在石澳德教紫香閣多年。

陸秀夫（1238—1279），字君實，楚州鹽城（今江蘇鹽城）人，為南宋大臣。1279 年元朝大舉進攻，陸秀夫於新會崖山與元兵對決，宋軍全軍覆沒，他背着宋帝昺跳海殉國，走完南宋亡國前最後一段，與文天祥和張世傑被稱為宋亡三傑。陸秀夫逝世後，後人建有宋少帝陵、三傑祠等廟宇來紀念其負幼帝跳海的事跡。

德教在石澳的紫香閣分閣供有陸秀夫神位，上書大宋陸相國秀夫真人神位，並附有其畫像供信眾奉祀。

袁大仙師

袁大仙師是確有其人，其神相在梅窩一帶的廟宇內均可見到。此照片攝於梅窩洪聖廟內。

廟宇　梅窩洪聖廟：大嶼山梅窩銀石街
　　　白銀鄉文武廟：大嶼山梅窩白銀鄉

功能　問一般吉凶

誕日　不詳

袁大仙師（1890—1971），名袁華照，俗名袁蝦荀，是香港特有的地區神靈。袁大仙師是增城石灘岳埔人，抗日戰爭時，曾當過國民黨駐黨東（莞）、增（城）特務大隊的遊擊隊頭目，為一名出身綠林的抗日豪傑。

抗日戰爭完結，他遷居大嶼山梅窩過着隱居生活。袁氏居住在香港時，曾接濟了不少新知舊雨，其中包括梅窩的一間佛堂桃源洞。由於佛堂成立之初曾獲袁華照的多番關照，故在袁氏過世後，佛堂住持為感念祂的恩德，便繪製多幅袁華照的仙人圖像，分別安放到梅窩洪聖廟和白銀鄉文武廟等多間廟宇中供奉，並命名為普濟袁大仙師。

近年有人説此神乃廣東碓坑山袁大仙廟的袁大仙，即宋代書生袁匡廬，那是不正確的！蓋筆者當年曾有幸訪問過那位「始作俑者」，並得其縷述經過因由，故袁大仙師乃袁匡廬之説，應是一場美麗的誤會。

順正大王

北角桃園禪院的順正大王，其信眾全為福建人。

廟宇　桃園禪院：北角春秧街

功能　擋煞消災

誕日　農曆九月初五為誕日、正月初四為次誕日。

順正大王是福建晉江的地方神祇，據《晉江縣志》所載，順正大王原名王志，廣東潮陽人，生有異術，在南宋寧宗嘉定庚辰年（1220）正月顯化於青陽（晉江古稱）石鼓廟。明成祖永樂年間（1403—1424）被朝廷追封為順正王。

順正即支持正義之意，民間流傳順正大王曾多次在民族危難時顯靈，救黎民於水火，故屢受宋、明朝廷的敕封，並建廟奉祀，廟宇香火鼎盛，有擋境之稱（此為福建地方古用語，即擋煞消災、保護境內平安的神祇）。農曆九月初五的順正大王出生誕日，晉江的青陽石鼓廟會連演四個月大戲慶祝，堪稱奇觀。

香港只有北角的桃園禪院奉有這神祇，信眾清一色是福建移民。

馮、張、何仙姐

位於九龍坑深山內的盤王古廟奉有馮、張、何三位客家仙姐的神像。

廟宇 盤王古廟：大埔九龍坑村後九龍坑山（合雲山）山邊
灣仔玉虛宮：灣仔隆安街

功能 問一般吉凶

誕日 農曆三月二十一日是馮仙姐出生日、九月二十九日為得道。張仙姐誕日為農曆五月初二，農曆十二月初九為何仙姐出生日、正月十六日為得道日。

馮、張、何仙姐三位仙姐是惠東鄉間客家地區的地方神祇，祖廟是惠東範和石門山的雷鳴庵，香港大埔九龍坑盤王古廟和灣仔玉虛宮都有供奉這個罕見的女神組合。

馮仙姐，名字不詳，明朝人，相傳她家住惠東鐵涌，少有異賦，十八歲時被黃埠一土豪地主看上，欲娶為妻，她極力反抗，結果得仙人指引，相約在迎親日的辰時，在附近的石門山上飛昇。誰知到了迎親日，婚嫁隊伍早了到達，困住了她，仙人便以雷鳴嚇走眾人，馮仙姐才能伺機逃出。可惜就此一耽誤，時辰已過，仙門已關，她只得在石門山中坐化，後人便在她坐化的洞穴前建了一間雷鳴庵來祠奉她。

張仙姐是明末清初人，生平不詳，只知祖籍廣東興寧，父叫張文慶，母叫郭春嬌。

何仙姐是明中後期人，相傳在印度出生，長大後移居深圳南頭一小村莊，父名何天城，母叫賴春柳。其他資料不詳。

馮、張、何仙姐本是分開供奉的，或許三女神同是閨女得道，性質相同，份屬仙姐，後人便把張、何兩位仙姐請到雷鳴庵跟馮仙姐共祀。三仙姐的信仰在惠東和惠來客家區域極為盛行，自二十世紀八十年代末內地開放後，每年香港惠來籍的客家人均會前往石門山賀誕，雷鳴庵山門有數塊捐款人碑刻，載有捐款者大多是香港人。

香港的馮仙姐信仰較張、何兩位仙姐普及，茶果嶺天后宮內列聖神牌有馮仙姊姊的神名，可見茶果嶺的居民不少是來自惠來的客家人。另外，香港供奉馮仙姐的信眾也不限客家人，如沙頭角禁區內碼頭旁的天后廟（前鹽寮下村），就奉有此神，信眾全為鶴佬人。

每年的馮仙姐誕日，很多客家婦女都會到位於大埔九龍坑村的盤王古廟拜祭。據知善信會依照鄉間的傳統，自摺各式金銀衣紙、訂製各式大型紙紮祭品和書寫祝文賀誕。

盤王古廟另供有陳有姐、陳仙姐、江仙姑婆、黎氏仙婆和鄭桂嬌等幾位女神祇，這些女神都是該廟宇近代的廟祝，或是與廟宇有淵源者。

無形古佛

無形古佛的照片可在多間天德聖教分會看到。

廟宇　天德聖教道堂：屯門青山村楊青路一一號
　　　忠和精舍：大埔馬窩路四三號

功能　問一般吉凶

誕日　農曆十二月初八

無形古佛是天德聖教所奉的先天神，天德聖教成立於 1927 年，教主為蕭昌明，主張五教合一（佛教、道教、儒教、基督教和伊斯蘭教），他自言為無形古佛的化身。

蕭昌明（1895—1942）諱始，四川樂至縣興隆場蕭家灣人，教徒稱他為宗主。天德聖教在內地的總壇本在黃山，1949 年新中國成立後，教會被視為異端，教務遂轉移到台灣及香港，今在屯門青山有其總壇道場，自成一角，規模宏大。

天德聖教的分會散佈全港各區，多是樓上佛堂，其中較有規模者，是設於大埔馬窩的忠和精舍。

另外，灣仔駱克道某大廈樓上的止一精舍也頗具歷史，惟作風低調。

普庵祖師

荃灣老圍一間士多供奉普庵祖師的神位。

廟宇　不對外開放

功能　工業安全、求雨、驅疫治病求健康

誕日　農曆十一月二十七日為誕日、七月二十一日為忌日

普庵祖師（1115—1169）是一位木匠的守護神，史上確有其人，為南宋僧人。相傳他生前能不按常規，虛空作畫，所以人們視他為神僧。民間流行的《魯班經》，記有古人凡立木上樑前，均會揀選好日子安放普庵祖師的神位，以祈順利平安。

普庵祖師是禪宗臨濟宗的僧人，俗名余印肅，袁州宜春人（今江西宜春縣）。他曾在壽隆院和慈化寺修習，生時一力支持重建慈化寺。由於普庵祖師在世時屢顯神蹟，故此他圓寂後受到民間的奉祀，認為祂能保佑施工安全、降雨、治病或袪災等，福建人更説祂是保護船隻安全的海神。

香港一些神功法門如三聖廟或茅山觀音法門會的神譜內，均記有普庵祖師，但不設神像或神位，祈福時又會請普庵祖師下凡。香港沒有普庵廟，也沒有佛堂供奉祂，筆者多年來只在荃灣老圍一間士多的角落和欖口村神廳發現其神位（欖口村村民曾告知筆者，他們拜的普庵即山廈村的張禪師，其實普庵與張禪師非同一神祇，或許是村民搞亂了）。

華佗

大澳關帝古廟內的華佗神像笑容可掬。

華佗是一名醫藥之神，也是中醫藥業祖師爺之一，也有人稱祂為華佗仙師。

華佗（？—208 年），字元化，沛國譙（今安徽亳州市）人，是東漢末的著名醫學家，由人被神化為神祇，是古聖先賢死後封神的另一例證。華佗在針灸、麻醉和外科手術方面都有很高的造詣，曾助三國戰將關羽刮骨去毒。後來他因得罪曹操而被殺，遺下的醫書全部散失，相傳只餘下〈閹雞〉一篇留世。

在十九世紀中後期，灣仔石水渠街 72 號有一間華陀（佗）廟，後因業主後人不願經營，自此本港再沒有主奉華佗的廟宇。另外，在二十世紀六七十年代有潮籍善信在新蒲崗開了一間華陀（佗）仙師壇奉祂為主神，但道壇在 2017 年發生火災後便結束（傳聞壇內的香火轉移到茜草灣三山國王古廟內供奉）。不過，兼奉祂的廟宇神壇就非常多，像上環文武廟、香港仔天后廟、灣仔玉虛宮、九龍塘省善真堂、旺角松蔭園佛道社、梅窩桃源洞、西環純陽仙洞、慈雲山福德古廟、大澳關帝古廟、坑口天后廟、糧船灣天后古廟、大澳龍巖寺、慈雲山福德古廟和長洲洪聖廟等都有兼奉華佗。筆者曾看見有病者的家屬把藥物帶到茜草灣三山國王古廟華陀（佗）神龕前供奉，似是求華陀庇佑病者可藥到病除。

在眾多醫神當中，香港人似乎偏愛華佗，同是民間藥神的扁鵲和孫思邈，在本地鮮有人供奉。

廟宇　糧船灣天后古廟：西貢糧船灣
　　　大澳關帝古廟：大澳吉慶後街

功能　驅疫治病求健康

誕日　農曆四月十八日為忌日和十二月二十三日為誕日。

晚壇休教勸善大師

全港僅見筲箕灣譚公廟安有晚壇休教勸善大師（左一）。

廟宇　筲箕灣譚公廟：筲箕灣阿公岩譚公廟道（近避風塘）

功能　問一般吉凶

誕日　不詳

晚壇休教勸善大師的名字寫在筲箕灣譚公廟左偏殿神龕的列聖神牌中，此神的名字罕見於其他廟宇。史學大師顧頡剛先生早在大半世紀前，到東莞城隍廟考察，並記下廟內所奉諸神名字，當中的勸善大師，位於北帝宮和救苦天尊中間，專責勸諫邪祟為善。

查這位晚壇休教勸善大師乃佛山祖廟一位住持蘇真人，據《佛山忠義鄉志》（民國版）載，他原名蘇澄輝，字碧真，是一名道士，明嘉靖年間在祖廟當巫祝。相傳他對祖廟建樹良多，但因不善理財，被懷疑私吞公款，曾憂憤發誓，並自綑火藥，誓言若真有貪污，火藥便會不引自爆。及後雖證明他是清白，但此後他終日鬱鬱寡歡，最終鬱結而死。

現時佛山祖廟奉有其神像，神像寫有本祠主持勸善大師蘇真人的説明。香港的廟宇稱祂為晚壇休教勸善大師，晚壇休教之名的由來仍有待查考。

楊筠松

廟宇　德教紫靖閣：西營盤德輔道西一六四至一七〇號西都大廈十四樓

功能　問一般吉凶

誕日　農曆十二月初九

楊筠松是中國風水術的宗師，也是德教紫香閣的主要神靈，故閣內安有神像。

楊筠松（834—900），是唐朝末年人，名益，字叔度，號玄赤，竇州（今山東竇州）人。他在唐僖宗時（874—888）當國師，負責管理皇宮秘藏的風水典籍。黃巢攻破長安後，他逃到江西虔州住下，以自修的風水術幫助貧苦百姓，屢有神效，人稱救貧先生。他晚年把平生所學傳給三名弟子——曾文迪、廖瑀和劉江東，令風水術數得以傳承下去，世人尊他為風水祖師。

香港沒有楊公廟，風水業界奉祀楊公的也不多。目前只有德教紫靖閣和紫香閣供奉楊筠松，因祂經常下凡降乩、指點迷津之故。

楊侯

（侯王、楊侯大王）

厦村鄉有多座楊侯宮，其中最著名的是被列為古蹟的東頭村楊侯宮。

廟宇 大澳楊侯古廟：大澳寶珠潭吉慶後街
九龍城侯王古廟：九龍城白鶴山聯合道一三〇號
東涌侯王宮：大嶼山東涌沙咀頭牛凹村東澳古道

功能 問一般吉凶

誕日 農曆六月初六（大澳）；農曆六月十六日（九龍城）；農曆八月十八日（東涌）。

香港民間一般認為楊侯、侯王或楊侯大王都是同一神祇，指祂原為宋帝的舅父楊亮節，因保護少帝南下，其後死於途中，人們景仰其忠心愛國的高尚情操而建廟祀奉。但筆者曾到金門官澳楊亮節的墓地考察，發覺他根本沒有隨大軍到香港，反而是因為逃避元兵，一直在金門隱居終老，所以楊侯即楊亮節的說法實疑點重重。

筆者做過普查，發覺香港安有楊侯的廟宇數目，遠遠高於文獻的記錄，截至 2013 年，筆者找到的侯王廟、楊侯廟或兼奉楊侯的廟宇道堂就有：大澳楊侯古廟、東涌侯王宮、九龍城侯王古廟、元朗舊墟大王古廟、元朗東頭約大王廟、厦村鄉東頭村楊侯宮、厦村鄉新慶圍（又稱西頭村）楊侯古廟、錫降圍楊侯宮、唐人新村楊侯古廟（咁嶺廟）、米埔楊侯宮、沙田大圍侯王宮、屏山坑頭楊侯古廟、石壁洪侯古廟、荃灣石碧新村洪侯古廟、東山古廟、元崗列聖宮、屯子圍三聖宮、八鄉古廟、屯門三聖廟和深水埗竹林仙館等二十處。

另外，新界西北部絕大多數圍村的神廳也供奉楊侯，稱為敕賜助法楊侯大王。而屏山灰沙圍神廳、錫降圍神廳、橋頭圍神廳及屯門新村（大園圍）神廳更以楊侯為主神，落馬洲村外也有一座露天石壇，並奉了敕賜助法楊侯大王和護鄉社稷感應大王，可見祂在香港民間信仰中佔有很重要的地位。約於一百年前，錦田水尾村天后古廟也有供奉楊侯，但現時只能在十年一次打醮時，才見村民奉楊侯的神位安坐在臨時神棚內。

香港的侯王誕日共有三個，分別是農曆六月初六（大澳）、六月十六日（九龍城）和八月十八日（東涌）。除了九龍城侯王古廟外，其餘兩間楊侯廟均演大戲賀誕，當中以東涌的規模最大。

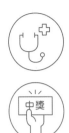

綏靖伯

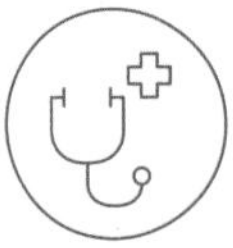

香港僅存的綏靖伯像供奉在太平山街的廣福義祠內。

廟宇　廣福義祠：上環太平山街四〇號
功能　驅疫治病求健康、求偏門橫財
誕日　農曆正月十六日和九月初九

綏靖伯，名陳仲真（1196—1246），古岡州德行都潢邨上沖（今廣東台山）人，娶甄氏、黎氏、麥氏夫人。生二子，長希堯，次希聖。生前官至屯田校尉。陳仲真於紹定三年（1230）率兩子及鄉團圍剿盜賊李猛龍，但於淳祐六年（1246）正月十六日被內奸毒死，其二子亦身亡，葬於五指山下。有傳陳仲真死後顯靈，使賊匪自相殘殺，鄉人便立陳老官廟祀奉。清道光年間北京出現瘟疫，舉人鄺吉祥恭迎陳仲真的神像到北京驅疫，三日而成，朝廷於是在道光二十四年農曆二月初五加封陳仲真為「佐軍剿寇護國庇民綏靖伯」。

香港在十九世紀末鼠疫橫行期間，新會富商陳天申在1896年恭迎綏靖伯南來，護港驅瘟，聽説靈驗非常。故此，澳門在1933年霍亂橫行期間，有善信派船來港請綏靖伯移駕坐鎮。現在澳門十月初五街康真君廟偏殿所供奉的綏靖伯，就是那時候請過去的，在神像旁還有一塊「敕封宋校尉府綏靖伯陳老官人」的神座。

除了消災驅疫外，由於綏靖伯是個管理地方賭坊妓院的官員，死而為神，四邑人（台山、新會、開平、恩平）都篤信祂能保佑吃偏門飯的人財源廣進。所以當祂駕臨港島後，深得低下階層的擁戴，不少水坑口、以及後來石塘咀的煙花女子和海旁碼頭的江湖中人，均向綏靖伯求簽問卜。

綏靖伯抵港之初，本供奉在陳天申擁有的灣仔皇后大道東迪龍里 12 號濟公廟內，後因信眾太多，1901 年陳天申改建他在太平山街 38 號天后宮旁的陳氏宗祠成綏靖伯廟，稱新孖廟（綏靖伯廟和天后宮）。

如今香港供奉綏靖伯的地方只有廣福義祠，內裏的綏靖伯神像是灣仔濟公廟舊物。當年迪龍里因要改建成胡忠大廈，廟主便把部分神像移放到新孖廟，及後 1992 年新孖廟清拆，綏靖伯的神像和神座便再移送到廣福義祠。

2020 年廣福義祠大維修時，工作人員發現了四塊龍牌，其中兩塊是綏靖伯的，一塊上刻「敕封校尉府綏靖陳老官」，其左右分別是「前殿甄氏一品夫人」和「後殿黎氏一品夫人」。另一塊則字數較多，除了正中刻「敕封護國庇民綏靖伯陳老官人神位」及左右有兩位夫人的封號（如前述一樣）外，還加添了「右軍剿寇大宣陳大官人」和「驅邪逐疫二宣陳二官人」句，那應是陳仲真的兩名兒子。

趙太祖師

香港羅山派拳館奉有手握蟠龍棍的趙太祖師像。

廟宇 觀塘地藏王古廟：觀塘翠屏道一二〇號地段（秀茂坪紀念公園內）

功能 問一般吉凶

誕日 農曆二月十六日、十月二十五日（茜草灣三山國王古廟）、九月十五日（觀塘地藏王古廟）

趙太祖師即宋朝開國皇帝趙匡胤（927—976），原籍涿州（今河北涿州市），在五代十國時為後周的殿前都檢點，握軍事大權。960年，趙匡胤發動陳橋兵變，推翻後周皇朝，自立為帝，廟號太祖，結束五代的分裂混戰局面，建立宋朝。

趙匡胤不但是個出色的政治家，而且相傳是個武藝高強的武術家，懂蟠龍棍法（即三節棍），創立太祖三十二勢長拳，浙江武術中的太祖洪拳便是以宋太祖為名。由於趙匡胤是武術太祖門的創立祖師，故被尊稱為趙太祖師，受到弟子的奉祀。

香港供奉趙太祖師的信眾以海陸豐人為主，如羅山派（海陸豐拳派）的武館、茜草灣三山國王古廟和觀塘地藏王古廟都奉有其神龕。有關趙太祖師的誕日有很多說法，一般信眾以農曆二月十六日為誕日，而羅山派則以擲杯來決定每年的師父誕日。

魯班

西環魯班先師廟的魯班神像作文官打扮。

廟宇　魯班先師廟：西環青蓮臺一五號
茶果嶺天后宮：茶果嶺道（茶果嶺村村尾）

功能　特殊職業神

誕日　農曆六月十三日、五月初七為誕日，十二月二十日為忌日。

魯班原名公輸般或公輸班，春秋時人，因生於魯國（山東省），故被稱為魯班或魯般。

他是我國著名的工匠，因發明雲梯、刨、鑿、鑽、斧、墨斗等建造工具，後世三行工匠（即打石、搭棚和木工）都尊他為祖師爺。至明代永樂年間（1403—1424），魯班更進一步被神格化，被追封為北城侯之餘，中國各地都建有魯班廟奉祀祂。

香港共有三間魯班廟，除西環青蓮臺的魯班先師廟和灣仔洪聖古廟旁的北城侯廟（此廟在 2018 年被重新發現），石鼓洲戒毒所也有一間由戒毒者興建的廟宇供奉魯班，由於地處禁區，故此廟鮮為人知。另外，茶果嶺天后宮也安有魯班神龕，相信是昔日該區的打石工人所建，以祈求工作順利。建造業界和造船業也有供奉魯班的舊俗，奉祀的神龕兩旁有對聯曰「準繩分曲直，規矩定方圓」。

香港建造業界和建造業訓練局師生會在農曆六月十三日到青蓮臺賀魯班誕，該廟同日設壇打醮，而這天也是大部分三行工人和相關店舖的例假。

醫靈大帝

（保生大帝）

廟宇　寶泉庵：北角英皇道三一五號麗宮大廈四字樓

塔門天后古廟：塔門海傍街

九龍城侯王古廟：九龍城白鶴山聯合道一三〇號

功能　驅疫治病求健康

誕日　農曆三月十五日

塔門天后古廟裏的醫靈大帝。

有關醫靈大帝的來歷有兩種説法，廣東人有指醫靈大帝為「神農」(參見「炎帝」條)，福建人則認為醫靈大帝是民間俗神保生大帝。

保生大帝（979—1036）又稱大道公，據文獻記載，保生大帝本名吳夲（音「滔」），福建泉州同安縣白礁村人。由於吳氏精於醫術，淡薄名利，生時愛幫助貧苦大眾，死後鄉里私諡為醫靈大帝，供奉為地方神祇，並建秋龍庵祀奉。

保生大帝化身成為仙真，之後屢有神蹟傳説流佈，其中有説祂便是泥馬渡康王（參見「康王（趙構）」條）中，助宋高宗渡河脱險的神靈。於是宋高宗敕令修葺秋龍庵，並改名為慈濟宮，成為保生大帝的祖廟。又有傳祂曾助明太祖朱元璋脱困，被敕封為昊天御史醫靈真君，醫靈大帝的名稱便由此而來。到了明成祖年間，祂又顯靈醫治孝慈皇后的乳疾，太子高即位後，加封祂為萬壽無極保生大帝。

北角區內的寶泉庵、奎霞同鄉會、英林普尼堂和水西宮均奉有保生大帝，其中以寶泉庵最具規模。

香港並沒有醫靈廟，但供奉醫靈大帝的廟宇四處可見，如灣仔玉虛宮、塔門天后古廟、銅鑼灣避風塘船廟和省善真堂都奉有其像。中環隱廬佛社有一醫靈神位，但沒有神像。這間佛社除了供奉醫靈，還供有另外九位醫神。

澳門有兩間醫靈廟，一間在氹仔施督憲正街，另一間在三巴門。

香港一些香燭店會出售醫靈包，有言病人在床褥下安藏此包，每天枕着睡覺，可得醫靈大帝之助，早日康復。

禪師

禪師生前雖是一名樵子，但神像卻是書生模樣。

廟宇　禪師寺：元朗十八鄉白沙路公庵山山腰

功能　求雨

誕日　農曆七月二十一日

禪師是十八鄉公庵山上禪師寺所供奉的地方神祇，祂雖名為禪師，但並不是佛教禪宗的和尚，而是一名張姓樵夫。傳說禪師在清初順治年間（1644—1661）住在十八鄉塘頭莆村，後來禪師在山中離世，過了多時方為附近山下村的村民張勇發現其遺體，遺體旁的斧頭早已鏽蝕腐朽，但禪師的遺體卻沒有半點腐爛徵狀，鄉人便説他是神仙託世，於是在原地建廟供奉祂。

自建禪師寺後，禪師即成為山下村張氏的守護神，以後凡張姓族人添丁，村民都會到禪師寺點燈酬神，而十年一次的打醮活動，也會請禪師到醮場看戲。新界在二十世紀六十年代曾發生嚴重的旱災，元朗一班鄉紳到禪師寺求雨，及後果然大雨連場，禪師頓成為求雨之神。

目前除了禪師寺外，元朗山下村和欖口村的神廳也安有禪師的神位。

雙忠王

馬仔坑儼雅堂雙忠王祠是全港唯一供奉雙忠王的廟宇。

廟宇　儼雅堂雙忠王祠：黃大仙馬仔坑道二〇號（位於普慶念佛社底層）

功能　捉鬼治邪

誕日　民間多以農曆十月初九為雙忠王的誕日。

雙忠王是指安史之亂時死守睢陽城（今河南商丘），苦戰四十七日後壯烈犧牲的張巡和許遠。

張巡（709—757），為開元進士，籍貫今河南鄧州，官拜清河及真源二縣縣令。許遠（709—757），字令威，籍貫今浙江海寧，死前為睢陽太守。由於張、許合力死守睢陽孤城，進行大小戰役凡一千八百餘場，最後彈盡糧絕而死，其忠勇悲壯之情，得到百姓的感念，遂於二人死後，建廟以祀，屬忠臣封神的典型。二人屢受歷代帝王封號，張巡被封為忠靖王，許遠被封為孚應王。相傳張巡為人火爆，臨死前還發誓，做鬼也要跟反賊決雌雄，故世人把祂看作捉鬼治邪之神祇。

黃大仙馬仔坑的儼雅堂雙忠王祠是筆者所知全港唯一的雙忠王廟，廟內供有二王神像。

張巡誕日為農曆五月二十五日（集各類占卜之術的《玉匣記》載十二月初八）；許遠誕日為農曆五月二十九日。雖然許遠與張巡不是同日犧牲，但民間視睢陽城被攻破之日即十月初九為二人的死忌。

譚公

香港仔譚公爺廟內的譚公童子神像。

廟宇　香港仔譚公爺廟：香港仔石排灣道（石排灣道遊樂場對面）
黃泥涌北帝譚公廟：跑馬地藍塘道九號
筲箕灣譚公廟：筲箕灣阿公岩譚公廟道（近避風塘）

功能　求水上平安

誕日　農曆四月初八（得道），六月二十六日（出世）。

譚公在中國或廣東的神譜中地位不高，祂的事跡亦少有文獻記載。對於譚公的真正身份，至今依然沒有一個明確的説法。

根據華人廟宇管理委員會編印的資料記載，譚仙（即譚公）的名字不詳，原籍惠州，幼失怙恃，賴祖母養育。他兒時屢顯奇蹟，不單能與虎嬉戲，更能預知未來和替人治病。譚公十二歲登仙籍（即去世）後，旁人奉之為神，因祂能呼風喚雨，平息風暴，故此漁民對祂格外推崇。

魯金先生在《廟在其中》一書中則稍有補充，説譚仙名譚峭，為元朝歸善人（今惠陽、惠東一帶），十二歲童身得道，因經常幫助漁民預測天氣，死後深得漁民信奉，被奉為保佑海上安全的神祇。

以上兩個説法大抵同出一源，分別只在詳略，但 1921 年修編的《佛山忠義鄉志》卻另有説法。《佛山忠義鄉志》中記載當地唯一的譚仙廟所奉的神祇同樣名為譚峭，卻是個唐朝人。筆者曾翻查晚唐成書的《續仙傳》，內裏已載有譚峭的資料，證明祂在唐以前已存在。綜觀全文，沒有一字提及祂是嶺南人，至於善卜天氣風雨之事，更無隻言片語。

近年，惠州九龍峰的譚公祖廟為吸引遊人到廟宇遊覽，廟方自資印了一份譚公簡介，內容與我們固有的認知頗有差異。據該份資料所言，譚公原名譚德，是惠東縣譚公紅花園譚閣地人，少年時學得仙法，在元朝末年救黎民於水火，十三歲在今九龍峰譚仙廟的得道亭坐化，死時露屍荒野，只有螞蟻敝體，蛇虎龜守路，其後得楊大伯公四出奔告村民，譚公才得以入土為安。

譚公升仙後，由於屢次顯靈解救民間疾苦，百姓於 1434 年在九龍峰擇地建成現今的譚公祖廟，世代供奉，香火不斷。

這個説法雖然神話色彩相當濃厚，但可能是目前最詳細及可信的譚公生平介紹了，而從地理上看也似乎較合情理。筆者認為《佛山忠義鄉志》和魯金先生所指的譚仙，與由惠州傳來香港的譚公應是兩個神祇，彼此沒有關係，只是兩者都姓譚罷了！

香港有四間著名的譚公廟，分別是香港仔譚公爺廟、黃泥涌北帝譚公廟、筲箕灣譚公廟和東坪洲譚大仙廟。另外大埔舊墟天后廟右殿、沙頭角天后廟、秀茂坪大聖寶廟和九龍坑盤王古廟均有供奉譚公。

譚公誕日是農曆四月初八日。每逢奇數年的譚公誕，黃泥涌北帝譚公廟都會在農曆四月初七舉辦巡遊賀誕，很有地方色彩。

護法大將軍

左手持扇、右手按劍是坪洲金花廟內護法大將軍的造型。

廟宇　金花廟：坪洲永安台一一A（天后宮左邊巷子進入）
功能　問一般吉凶
誕日　農曆八月二十七日

護法大將軍即著名演員關德興。關德興（1905—1996），廣東開平人，有愛國藝人的美譽，也因關德興演活了廣東武術名人黃飛鴻，有翻生黃飛鴻之稱。關師傅是一名虔誠的道教徒，生前自言曾得坪洲金花娘娘的點化，立志要把金花信仰廣傳天下。關師傅死後不足一年，其親人聲言夢見關師傅成為金花娘娘的護法，並囑咐親人代為塑像，供奉在坪洲金花廟的金花娘娘像旁，稱為護法大將軍。現時佇立在坪洲金花娘娘像身旁的武將，便是關德興師傅。

每年的護法大將軍誕日，關師傅的後人和徒弟都會到坪洲舞獅賀誕，為坪洲一年一度的民間盛事。

八寶公主

（附：四太子）

藍田玄天上帝廟內兼奉的八寶公主，一身巾幗英雄打扮。

廟宇　玄天上帝廟：藍田啟田道九九號A（藍田分科診所旁）

功能　問一般吉凶

誕日　農曆六月十五日和十二月十五日

八寶公主是由演義小說《五虎平西全傳》中的角色演化出來的民間神祇，故事以北宋為背景，講述鄯善國公主（八寶公主）嫁給宋將狄青後，助夫攻打西夏與西遼，最終殺西遼駙馬黑利，大勝而回。因其有功於天下，八寶公主神像造型也作武將打扮。

八寶公主之夫狄青（1008—1057）字漢臣，汾州西河人（今山西汾陽），當地人稱為四太子。在行伍生涯中，以戰功累升為大將軍，是北宋抵抗西夏的主將。狄青死後也成為民間俗神，誕日是農曆四月初八。其神像手持方天戟，跟妻子八寶公主同作武將裝扮。

香港並沒有專門供奉八寶公主或四太子的廟宇，目前只見居於北角的福建晉江移民擺放其神像供奉，且會做誕，惟作風低調。另外，藍田玄天上帝廟也有供奉八寶公主神像，奉祂為驪山老母的弟子，應是區內的海陸豐信眾所置。

七姐

荃灣老圍乾元洞的七姐像。

廟宇　七聖古廟：西貢十四鄉官坑
仙姊廟：坪洲北灣坪利路
七聖宮：荃灣石梨貝金山山頂二三一A號（石梨街休憩處入口）
梅窩桃源洞：大嶼山梅窩鹿地塘村四三及四四號

功能　求姻緣、人緣及求青春、美容

誕日　農曆七月初七

七姐是脱胎自星宿傳説的民間俗神，即中國神話中每年只能於七夕（農曆七月初七之夜）與牛郎相會的織女。這位民間俗神經過了二千多年的演變，身份和經歷不斷得到世人的增添補飾，已從一顆天上的小星星，升格為玉帝的孫女。

七姐又有人稱為七娘媽（媽讀「馬」音）或七星娘娘，農曆七月七日為七姐誕日，拜七姐可以求姻緣和青春常駐。向七姐祈福的祭品十分講究，主要包括印有剪刀、針線等針黹物品的紙紮七姐盤；給織女穿的七姐衣和給天界做衣服的七彩色紙。其次是香燭、鮮花、水果、飯菜、七姐秧（即剛發芽的穀種）及女性化妝用品等也要式式俱備。各樣祭品備好以後，吉時一到，婦女們便可誠心焚香禮拜，向七姐禱告，祈求得到七姐在天庇佑，姻緣美滿，心想事成。

香港供奉七姐或其七位姐妹的廟宇道觀為數不少，當中較著名的是西貢十四鄉的七聖古廟、坪洲仙姊廟、石籬的七聖宮、荃錦公路光板田村七聖宮和梅窩的桃源洞；慈雲山的慈雲閣則有一組美輪美奐的牛郎織女故事陶塑。還得一提的是太平山街水月宮內附有一張七宮佛母黑白照，傳為七姐顯靈照，實際上不過是黑房技術作怪而已。論七姐賀誕的規模，以坪洲仙姊廟和石籬七聖宮最可觀，前者廟宇雖小，但每年的七月初六夜，仍有不少女村民帶同女兒前來靜待初七凌晨參拜七姐。神桌上除放滿各式果品外，還有香水、潤膚露、面霜等一眾女兒家用品，非常具有女性節誕的特色。石籬的七聖宮，信眾初期多來自廣東陸豐、陸河一帶的移民，今以潮籍人士居多，誕日也是人山人海，非常熱鬧。

西貢十四鄉的七聖古廟雖然規模較大，但該廟每三年才會在農曆年底辦一次神功戲慶祝七夕，常年的七夕則人跡罕至。可見七姐信仰在十四鄉已日漸式微。另有老村民相告，七聖古廟所奉的根本不是七姐，而是地方傳説中被漁民撈獲的七粒石子，後來才附會説成是七姐。

十二奶娘

（附：二十奶娘）

深水埗三太子宮的十二奶娘神像，每個奶娘的造型各有不同，共通點是懷內都抱着一個小孩。

十二奶娘是哺育女神，是催生送子女神金花娘娘的助手，其來源難考。據知福建民間也有所謂的十二婆娘神，未知可有關連。十二奶娘的名稱在香港已失傳，筆者只好到澳門蓮溪廟考查。據該廟所記，十二人的名稱依次是：血光羊孕夫人、攬腰教企夫人、根基保養夫人、淋瀨花枝夫人、臨盆保枝夫人、白花送子夫人、保胎羊孕夫人、嬌媳奶乳夫人、扶產血光夫人、含茶嚼飯夫人、栽花剪葉夫人、添根保養夫人。

戰前廣州金花廟內供奉的金花娘娘旁，另有二十奶娘，分別是：保痘夫人胡氏、梳洗夫人張氏、教食夫人劉氏、白花夫人曹氏、養育夫人鄧氏、血刃夫人周氏、轉花夫人寧氏、送子夫人謝氏、大笑姑婆祝氏、剪花夫人吳氏、紅花夫人葉氏、小笑姑婆黃氏、羊刃夫人蘇氏、瀨花夫人林氏、保胎夫人陳氏、教飲夫人梁氏、教行夫人黃氏、腰抱夫人萬氏、栽花夫人杜氏和送花夫人蔣氏。

青龍頭天后宮、屯門陶氏三聖宮、孔嶺洪聖廟、深水埗三太子宮和梅窩桃源洞都供有十二奶娘神像，但各處神像大小不一，外型也不盡相同，很難分辨究竟誰是誰。元朗舊墟二帝古廟和黃泥涌北帝譚公廟則供有十二奶娘神名，與金花娘娘並列。無論是十二奶娘或是二十奶娘信仰，目前在香港已瀕臨失傳。

廟宇　青龍頭天后宮：青山公路青龍頭段五六至五八號
陶氏三聖宮：屯門五柳路屯子圍舊陶氏宗祠旁
孔嶺洪聖廟：沙頭角公路馬尾下段及坪輋路交界處
三太子宮：深水埗汝州街一九六至一九八號
梅窩桃源洞：大嶼山梅窩鹿地塘村四三及四四號

功能　保護小孩

誕日　不詳

三田祖師

靈谷園佛堂內的三田祖師神像。

廟宇　不對外開放
功能　問一般吉凶
誕日　農曆六月二十四日

三田即樟、榆、柳三位樹神，田字有土地之意，故樟榆柳應是土地神的代稱。廣州地區流行供奉這三位土地神。有關三田祖師來歷的另一說法是，祂們本是唐代三個做官的兄弟，昔年先天道廣東祖堂清遠藏霞洞的道侶扶乩問事，經常請得祂們三兄弟來降乩，因而成為先天道的代表神靈。

先天道為主張三教合一的教派，香港的佛、道堂傳承於廣東，故此多有供奉三田祖師。粉嶺的藏霞精舍、深水埗的尚志堂和牛池灣的萬佛堂都有祂們的神位，惟只作偏神供奉。大埔的靈谷園則以三者神像為正神供奉，為全港獨有。

香港一些舊區的廟宇，如油麻地天后古廟、紅磡觀音廟，以及沙江圍的神廳都奉有樟柳二仙的神名，當中並沒有榆字（觀音廟更誤把樟柳寫成張柳）。筆者考據古籍，發現確有樟柳神的記載，但指的並非土地神，而是一種巫術控制的嬰靈。

三山國王

廟宇　茜草灣三山國王古廟：觀塘茶果嶺復康徑
牛池灣三山國王廟：牛池灣坪石邨觀塘道二號

功能　問一般吉凶

誕日　農曆二月二十四日為大王爺誕日，二月二十五日為二、三王爺誕日。坪石的三山國王廟自二〇一七年開始，改以農曆二月二十五日為大王爺誕日，會連演四日大戲，另外六月二十五日為二王爺誕日、九月二十五日為三王爺誕日。

觀塘茜草灣三山國王古廟的三山國王像，三者面相是一模一樣的。

三山國王是一組地方神祇，指巾山、明山和獨山三個山神，三座山位於廣東揭陽市揭西縣河婆鎮（前屬潮州）。三山神的祭祀始於隋代，初時只為地方信仰，但相傳在宋朝開國初年，三個結義山神曾顯靈助宋太宗趙光義於太原突圍，於是論功行賞，被封為王。大哥巾山神連杰（又名連清化）被稱為清化盛德報國王，二哥明山神趙軒（又名趙助政）為助政明肅寧國王，三弟獨山神喬俊（又名喬惠威）為惠威宏或弘應豐國王，遂有三山國王之稱。

這組神祇最初由揭陽的客籍人士帶到香港，但其後信眾以鶴佬人為主。在牛池灣坪石邨、南丫島榕樹灣沙埔村、南丫島北角村、大嶼山深石灣和觀塘麗港城後山（稱茜草灣）都有三山國王廟，當中以坪石邨的三山國王廟歷史最悠久。香港的三山國王廟除了晚建的茜草灣廟外，其餘的廟宇都只供奉一尊神像；而榕樹灣沙埔村供奉的三個神像中，只有中間持劍的一個是如假包換的國王神像，其餘兩個分別是土地公和疑似財神的神像。牛池灣扎山道還有一間三峰廟，廟內所供奉的也是三山國王。

大王公

大澳寶珠潭後的大王公是土地造型，可見一般人都視大王公為保護神。

廟宇　大王公廟：近大澳寶珠潭吉慶後街

功能　求水上平安

誕日　不詳

大王公的出處不詳，有説是無辜溺死者的總稱，也有説是山神名稱，眾説紛紜。大王公神格近似土地神，主要保佑居民出入平安，信眾以水上人居多。這神不一定供奉在廟宇之內，常見以石頭代替神像奉於神龕或石壇。大嶼山近大澳寶珠潭海邊、香港仔、赤柱和軍事博物館海邊（魚雷洞附近）的小龕都見其神名。

三十六仙師

中獎

廟宇　英雄古廟：元朗米埔隴村

功能　求偏門橫財

誕日　農曆八月十六日

下葵涌村的三十六仙師神位。當中不少神靈名字都是出自字花中的三十六個古人。

三十六仙師是民間俗神，來歷眾說紛紜，有指是《水滸傳》中的三十六天罡星，有指是字花（民間流行的一種賭博方法）中的三十六個古人。由於香港在二十世紀五十至七十年代非常流行字花，所以筆者認為民眾設廟供奉三十六仙師，以求一朝富貴的可能性較大。

目前香港只有兩個地方公開供奉三十六仙師神位，其中一處是米埔隴的英雄古廟，另一處是荃灣區內一個露天小神龕，相傳神龕為一位神功師傅早年所立。每年的三十六仙師誕日，米埔隴的英雄古廟都有全港獨一無二的賀誕活動，除有獅隊雲集外，亦有武術及歌舞表演等助慶，場面非常熱鬧。

三聖母

梅窩桃源洞後山的三聖母神位。粵劇《香花山大賀壽》中以龜靈聖母、普陀聖母和梨山聖母合稱三聖母，但據廟祝所言，桃源洞供奉的三聖母來自東莞，不是出自粵劇。

廟宇　梅窩桃源洞：大嶼山梅窩鹿地塘村四三及四四號

功能　問一般吉凶

誕日　不詳

三聖母是東莞大嶺山（俗稱媽山）百花洞更鼓樓台供奉的神靈，相傳祂為觀音大士轉世的女神。這地方神祇在香港很罕見，只在大嶼山梅窩桃源洞見有其露天神壇，是佛堂的信眾由東莞請來供奉的，香港的信眾不多。（另有關《寶蓮燈》故事的三聖母，參見「聖母娘娘」條）

三姑娘娘

米埔隴的英雄古廟供有三姑娘娘的神位。

廟宇　英雄古廟：元朗米埔隴村

功能　問一般吉凶

誕日　正月十五日

三姑娘娘在香港很罕見，筆者僅在米埔隴英雄古廟的神位中見其名字，相信是民間俗神，惟出處已不可考。中國歷史上，也有一位以三姑為名的民間俗神，俗稱屎坑三姑或紫姑。相傳紫姑為唐朝人，其夫被刺史陷害而死，後來刺史納紫姑為妾，卻為刺史正室所妒而被虐殺於屎坑，成為女鬼，因天神憐之而將她升格為神靈。古時婦女每於正月十五夜便在豬圈或茅廁設壇，請三姑娘娘下凡占卜來年禍福，而桑蠶業也視祂為行業神，未知此屎坑三姑與三姑娘娘是否同一源流？

壽 三星

三星雖是家喻戶曉的神靈，但很少廟宇供奉，三峰廟是其中一間。

廟宇　三峰廟：牛池灣扎山道三八一號

功能　求福祿壽

誕日　不詳

福祿壽三星是為人熟悉的民間俗神，祂們的結合代表了中國人千百年來對人生的追求。雖然三星擁有超人氣，但一般只以年畫或瓷像擺設的形式出現，甚少有人會作神靈供奉。

三星信仰明顯是來自星宿崇拜，但天上眾星之中，何者為世人所指的福、祿、壽星？現時並沒有一個權威性的定論，只有壽星的身份是較為清晰的。壽星即《史記 · 天官書》和《史記 · 封禪書》中記載的南極老人星。古人認為這星是吉星，此星一現，帝祚必長，所以稱之為壽星。到了東漢以後，這星又變成主管人間壽命的神靈，認為祀之延年益壽，及後經元雜劇如《南極登仙》、明彈詞《白蛇傳》，和話本《警世通言》等民間文學的傳揚，南極仙翁或壽星公更是家喻戶曉。

高腦門、手持拐杖的壽星造型，在明代已有。

為何祂一定是手執拐杖呢？有學者認為東漢時國家祭壽星會結合敬老活動一齊舉辦，舉凡七十歲以上的老者，各可得一根九尺長的鳩頭玉杖，或許後人在創作壽星公的形象時，參考了這個元素而成型。

祿星是指掌管人間祿位（官祿）的星宿，查天上眾星之名，文昌宮中確有司祿一星，故不少人都相信祿星即司祿。

福星的出處難考，直到如今仍沒有資料清楚解説其來歷，只知唐代的星卜家都指木星（歲星）是福神，故後人也有以歲星為福星。筆者推斷福字含有丁財貴壽的意思，福星自是一顆天上擁有無比權力的吉祥星。環顧眾星，只有紫微星有此特性（參見「紫微」條），民間且有福星高照之説，而信奉紫微者則有紫微正照之説，兩者非常相近。

香港並沒有三星廟，牛池灣的三峰廟和沙江天后古廟供奉有三星神像；十八鄉黃泥墩村的花炮會一角，也奉有三星，看來似土地多於做吉祥大神。此外，慈雲山慈雲閣和雲泉仙館也有三星像，但只是門口擺設，並沒有放置香爐供人上香。

土地

（附：伯公、福德正神、社稷大王）

錦田協天宮內的土地公婆。

廟宇　福德神廳：上水金錢村
牛頭角福德廟：牛頭角道與振華道交界處
紅磡福德古廟：紅磡寶其利街

功能　求財富

誕日　農曆二月初二

土地古時稱社神或社公，是負責地方事務的民間俗神，神譜中地位低微，其出現源自人們對大地的崇拜。早在漢代已有土地的記載，初時無名無姓，形象無分男女，後來漸漸被人格化，先是老公公模樣，後來可能覺得祂太寂寞，就多了一個土地婆相伴，成了現今常見的孖公仔形象。

土地有很多別稱，最常見的是伯公和福德正神。香港稱土地為伯公的多是客家人。由於伯公是管理土地的神，所以鄉間又衍生出榕樹伯公、水口伯公、護圍伯公、井頭伯公和橋頭伯公等職能分明的名稱。

圍頭人和潮州人都稱土地為福德正神，意思是有福氣、品德高尚和正直無私之神。香港最有名的福德廟，是上水金錢村的福德神廳，該廟每年正月都會做戲賀土地誕，規模為全港之冠。要數最有特色的福德廟，則非牛頭角道和紅磡寶其利街的兩間路邊廟莫屬，因政府發展兩區時，街坊極力爭取廟宇原址保留，政府為了順應民意，便護廟讓路，廟宇得以留在原處，形成現時臨街而立的獨特位置。另外，香港尚有很多地方建有福德廟奉祀土地，這些廟一般都規模細小，但頗得街坊支持，每逢農曆初一、十五都會擠滿善信。

另外，社稷大王（另稱社稷神）是一個比土地神格大的土地神。社稷是國家的別稱，社稷神就是國家級的土地神，皇帝奉祀祂有保佑天下領土的意思。古時以滿百家為一社（亦有二十五家為一社之說），古人尊天親地，為感謝土地的恩賜，便以社為單位，設立社壇祭祀社稷。目前新界的圍村還保存很多社稷神壇，但其傳統功能已十分模糊。市區方面，尚可找到數處社稷壇，如油麻地大笪地的觀音樓社壇內和灣仔玉虛宮外牆就各有一座社稷之神的石壇；而紅磡寶其利街的福德古廟亦安有一塊社稷大王的石製神位，相傳是當年因闢地興建紅磡街坊會小學而遷來的。

由於土地是管理土地的神，故亦含有管理世間財富的意思。在近人眼中，土地便成為財神的化身，祂的神像也從以往的手執拐杖，漸漸演變成手捧元寶，部分土地龕更有代表財富的神祇相伴，可見現今的土地公，已幾與財神無異。

天國元帥

觀塘大王爺廟的天國元帥像，此神雖被冠以元帥之名，但其實只是廟內的看馬衙差之類的神靈。

廟宇　觀塘大王爺廟：觀塘翠屏南邨翠樂樓後山坡

功能　問一般吉凶

誕日　農曆八月三十日

香港的廟宇當中，只能在觀塘的大王爺廟內發現天國元帥的神像，其作馬伕打扮，身旁帶有一匹馬。查此神是廟宇內大王爺的坐騎侍從，為當年大王爺古廟的乩童在夢中所見，故特意供奉在廟內，以服侍大王爺。

天德伯公

油塘嶺南古廟中的天德伯公神龕，其對聯字首夾有天、德二字。

廟宇　嶺南古廟：油塘高超道嶺南上村六三至七三號
功能　問一般吉凶
誕日　不詳

天德伯公是天庭的土地神，信奉這神的以潮籍信眾為主。彩雲邨啟輝樓附近山坡上的露天小神龕和油塘嶺南古廟都曾見這神。潮州人認為人間有伯公、土地看管，那天庭也應有相同的神祇來呼應，於是就生出了天德伯公，更說祂負責鎮守戍南天門。

彩雲邨的潮籍坊眾每年都會以天德伯公名義舉行盂蘭勝會，為期一日，以保地方平安。

水晶宮大王

塘福洪聖宮的水晶宮大王只是一塊尖頂石頭，相傳為舊廟之物。

廟宇　塘福洪聖宮：大嶼山塘福村海邊

功能　求水上平安、求漁穫

誕日　不詳

水晶宮大王神名見於大嶼山塘福洪聖宮左神龕，神名刻在一塊三角形石頭上，有説該石是舊洪聖宮拆卸時遺留的建築材料，村民保留下來是有念舊的象徵意義。水晶宮是神話中龍王的水底宮殿，故水晶宮大王當指海神一族，居民供奉此神有保佑出海平安、祈求漁穫豐收之意。香港民間向有以石頭象徵神像的做法，大澳村民就最愛以石頭作土地神，所以家家戶戶的門前都奉有一塊石頭土地。

水仙（水神）

廟宇　南圍天后古廟：西貢南圍路九七號旁
糧船灣水神龕：西貢糧船灣天后古廟旁

功能　求水上平安

誕日　不詳

西貢南圍的水仙爺本為看守漁網的神靈，如今手舉元寶，模樣像財神多於水神。

香港供奉水仙或水神的地方不多，民間所謂水實是指海，所以供奉水仙或水神的主要是一些沿海漁村或海灣內的神廟。西貢南圍天后古廟偏殿、赤柱水僊古廟、香港仔鑑靈天后廟（右龕）和滘西洲洪聖古廟都供有水仙神位。糧船灣天后古廟旁的水神龕和大埔元洲仔大王爺廟內則奉有水仙神像。

水仙或水神信仰的產生是基於民間對水的敬畏，凡一切與水有關的靈怪，都可稱為水仙或水神，包括淹死的亡靈。糧船灣天后古廟的前廟祝曾告訴筆者，這間廟宇供奉的水神，實是一眾在魚排淹死的冤魂，村民為免冤魂在人間作祟，特別在廟外安了一個神龕供奉。至於南圍天后古廟的水仙爺則另有說法。話說當年南圍邱姓村民多以捕魚為生，因他們收藏在天后廟旁小屋內的魚網常被小偷盜竊，為了保護財物，他們就在小屋內供奉水仙爺代為看管財物。南圍供奉的水仙爺初期只以木塊象徵神像，後來天后廟重建，村民將小屋變成偏殿，才添置一個水仙爺神像，但模樣像財神多於水神。

太子千歲

廟宇　觀塘大王爺廟：觀塘翠屏南邨翠樂樓後山坡
功能　問一般吉凶
誕日　農曆四月初八

太子千歲僅見於觀塘大王爺廟，相信是潮州的民間信仰。

太子千歲的名稱僅見於潮籍人士建的觀塘大王爺廟。此神祇由一公屋承建商於 1958 年至 1959 年間開始供奉，相傳該承建商在興建雞寮公屋時，工業意外頻生。後來有自稱太子千歲的神靈向承建商報夢，述説只要供奉祂，即可保工程順利。承建商依言在山邊建一臨時小廟奉祀太子千歲，果然再沒有意外發生。及後承建商把太子千歲託奉在大王爺廟至今。太子千歲誕日為農曆四月初八，據知是由大王爺廟的乩童扶乩得來。

太陰娘娘

位於青衣的太陰娘娘廟。

廟宇 青衣太陰娘娘廟：青衣信義新村真君古廟旁
慈雲山太陰娘娘廟：慈雲山慈正邨正泰樓後山

功能 求生育、保青春、美容

誕日 農曆八月十五日和正月十五日

太陰娘娘又名太陰星君，起初是由大自然轉化而成的民間信仰，後為道教吸納為女仙，即月亮女神，有人曾指祂為嫦娥，其實不然。香港的太陰娘娘廟全由鶴佬人管理，歷史最悠久的中環士丹頓街太陰娘娘廟，由呂姓鶴佬人創建，初設於光漢台一唐樓地舖，後搬到附近一幢大廈的三樓，拜神者多為同鄉。

香港的太陰娘娘廟有三，除了史丹頓街外，青衣和慈雲山均各有一間太陰娘娘廟，據説都是由史丹頓街的廟宇分香過去。屯門虎地南安佛堂也供奉太陰娘娘。另外，有一些道觀也奉太陰星君，但全不作主神看待。

太歲

運

傳統的太歲神像多作童子狀，此為上水紅橋天后廟內的太歲像。

廟宇　錦田水頭村洪聖宮：元朗錦田水頭村口
屏山洪聖宮：元朗屏山坑尾村

功能　轉運

誕日　農曆七月十九日

太歲是一個由中國天文學觀念演化出來的民間俗神，其神格是凶惡小器，所以沒人敢在太歲頭上動土，以免得罪了祂，帶來惡運。太歲其實是一顆想像出來的星星，其產生與九大行星之一的木星（即歲星）很有關係，是戰國（前 403— 前 221）時術數家創作出來的天文計算工具。

木星（即歲星）每十二年運行地球一周，而運行的方向與其他行星運行的方向是相反的，古天文學家為了紀時方便，就創作一顆星星——太歲星，讓它依循歲星的軌道作相反方向運行，以求統一它跟其他行星活動的規律，這就是太歲星的本質了。

然而自西漢（前 206— 前 25）開始，人們以假當真，説太歲有歲神坐鎮其間，人間的活動如動土、遷徙或婚嫁等事宜都必須躲開太歲，否則就等如在太歲頭上動土，對人非常不利。如此發展到後來，它竟成了一個主宰人間每年吉凶的神祇。迷信的人如果頭頭碰着黑，便認為極有可能是冒犯了太歲，必須向祂求情避禍云云。

太歲本來只是個無名神靈，但查考《三教源流搜神大全》得知，最遲於明萬曆年間，太歲已搖身一變成了紂王的兒子殷郊，更因有斬妖之勇，被玉帝封為太歲殷元帥。梅窩的桃源洞便立有一塊太歲殷元帥的神牌。不過，太歲殷元帥這個説法在香港並不普遍。

香港一些歷史悠久的廟宇，如錦田水頭村洪聖宮、紅磡北帝古廟、屏山坑尾村洪聖宮、大澳關帝古廟、元朗舊墟大王古廟和上水紅橋天后廟等廟宇內的太歲神像，都只是一個手持搖鈴的童子，擺出一副報時模樣。如此一來，太歲又回到時間神的原始面貌了。

近年，由於拜太歲的風氣盛行，不少廟宇如秀茂坪觀音廟和樂富天后聖母古廟等都加添了這個神祇，以吸引善信的光臨。

五雷先師

廟宇　普善佛堂觀音廟：觀塘秀茂坪寶琳路（寶達邨入口斜對面）
聯光佛堂（達摩廟）：秀茂坪曉光街八二號

功能　捉鬼治邪

誕日　農曆六月二十四日

秀茂坪普善佛堂觀音廟的五雷仙師（又稱「五雷先師」）外貌像一隻鳥，手持造雷器具。

五雷先師即民間所指的雷神，五雷即天、地、水、神和社五種雷法，其神像外形如《封神演義》中的雷震子。

雷神是出於對大自然崇拜的民間神祇，後來為道教吸納，在明朝之後由單一雷神變成一大幫雷神，兼有一個專責部門——雷部。

在道教典籍中，九天應元雷聲普化天尊是雷部的統帥，或稱雷祖、雷公或雷尊，總司五雷，統稱為五雷先師。依筆者所見，現時全港僅秀茂坪由普善佛堂管理的觀音廟主供五雷先師，兼奉的則有附近的聯光佛堂（達摩廟）、牛池灣的三峰廟和藍田興田邨附近山坡上的福德伯公廟等。

此外，筆者曾在一些神功法壇見過五雷教祖或五雷大將軍等稱號，名稱雖有變化，但應是指同一神祇。道教以農曆六月二十四日為九天應元雷聲普化天尊（雷公）誕日，但香港一些以客家信眾為主的神廟則以農曆五月十八日為五雷誕，更會進行法事，或許與客家社群的風俗有關。

五華師母

五華師母在二十世紀九十年代初才在香港仔出現，據說是由上天下凡的女神祇。

廟宇　五華師母廟：香港仔舊大街休憩公園旁
功能　驅疫治病求健康
誕日　農曆二月十八日

五華師母來歷不詳，其名字在二十世紀九十年代初才在香港仔出現，據説是由上天下凡的女神祇，能附人身説話，擅長治病，全港獨香港仔石排灣山邊的一間鐵建神龕供奉此神。

五穀爺

廟宇　武帝宮：大埔汀角村村尾
功能　求農耕收成
誕日　農曆十月十五日

大埔汀角村武帝宮的五穀爺是先民務農為業的歷史見證。

五穀爺又名五穀主或五穀神，其信仰盛行於粵東。關於五穀神的由來有多個說法，《廣東新語》有云，晉朝時，吳修為廣州刺史，到任前有五仙人騎着五色羊，揹着五穀到廣州州治的廳堂，此事被視為吉兆。吳修到任後便在廳堂上繪五仙人像以示祥瑞，並稱廣州為五仙城（也稱五羊城）。後人稱這五位仙人為五穀神，並建五仙觀祭祀祂們。

雖然同是主宰農業收成的神，但粵東盛行的五穀爺並不是《廣東新語》中所提到的五位神仙人物，而是一位與五穀神同名的民間俗神。

香港本是農業社會，所以很多圍村也有供奉五穀爺，但神牌多名為五穀或種穀先師，並跟神農、后稷等神祇並列。目前全港只有大埔汀角村武帝宮的左殿奉有五穀爺神像。有指五穀爺是神農氏，筆者認為兩者有異，五穀爺是專指管理五穀稻米莊稼之事的神祇，神農氏則負責一切植物的生長，兩者職能雖有重疊，但後者範圍更廣，不可同日而語。若論神格相似，后稷的神格或許與五穀爺更接近。

五通神

（附：五顯神）

廟宇　筲箕灣城隍廟：筲箕灣金華街

索罟灣天后宮：南丫島索罟灣索罟灣第一街

功能　問一般吉兇

誕日　農曆五月初五為五通神誕日，農曆九月二十八日為五顯神誕日。另外，筲箕灣譚公廟的五通財神誕日是農曆九月十七日。

筲箕灣譚公廟內的五通財神只供奉一個神像，旁為兩個陪神。

香港最少有四間廟宇供奉五通神：筲箕灣的譚公廟和城隍廟、沙田車公廟，以及南丫島索罟灣天后宮。香港人向以五通神作財神看待，或謂五通財神（東路財神招寶天尊蕭升、南路財神招財使者陳九公、西路財神納珍天尊曹寶、北路財神利市仙官姚少司、中路財神龍虎玄壇真君趙公明），其實是拜錯天神上錯香。查五通神本是淫邪之妖神，其信仰始於唐代，流行於江浙民間，所謂五通泛指群妖（宋・洪邁《夷堅志》）。五通神專蠱惑百姓，民間拜祀五通神是有買祂怕的心態，絕非求財之意。

真正的財神應是五顯神。五顯神信仰始於宋代，起源於江西婺源。相傳五代時有五兄弟改惡從善，死後化而為神，得民間香火供奉，並在宋朝被封為王，以顯為封號。由於五兄弟生前發財立品，樂善好施，民間便當作財神供奉。後人不知就裏，只道五顯即五通，於是就出現了馮京作馬涼的笑話，呂宗力和欒保群合著的《中國民間諸神》對上述神祇有詳細的敍述，有興趣的讀者不妨一看。

月老

香港很少廟宇供奉月老，青山禪院是較為人熟悉的一間。

廟宇　月老祠：屯門青山青山寺徑青山禪院後山

功能　求姻緣、人緣

誕日　不詳

月下老人又稱月老，是傳説中主管世間姻緣的民間俗神。唐代李復言的《續幽怪錄·定婚店》，對月老有詳細的描述，可見其信仰早在唐代已有。古時的婚禮儀式中，新郎、新娘有拜天地的習俗，即一拜天地、二拜月老、三拜高堂（亦有一拜天地、二拜高堂，然後夫妻交拜之説）的禮節，但有學者認為古時夫婦結婚首日，沒有拜高堂的儀式。隨着社會進步，現代的婚禮已減省了很多繁文縟節，筆者認為拜天地的儀式只會在電視劇出現，其真偽與否亦眾説紛紜。

香港祀奉月老的地方不多，較有名的是青山禪院後山的一尊月老像，而嗇色園的一套月老牽紅線神像則是近年新建的，但因憑地利之便，大受善信歡迎，單是 2021 年的元宵夜，便有約一萬人入廟參拜；另外，筲箕灣譚公廟也供有月老，但只是列聖宮神牌上其中一個名字。

石敢當

（附：石公石婆）

梅窩桃源洞佛堂外的泰山石敢當碑。

廟宇　松嶺鄧公祠：粉嶺龍躍頭祠堂村旁

功能　擋煞消災

誕日　農曆正月初七（澳門石敢當行臺）

石敢當信仰是一種對石的崇拜，石敢當原非甚麼神靈名字，只是碑石上的題字而已，但一般人相信石上刻有石敢當三字，石塊便會沾有靈氣，只要定時上香膜拜，便可擋煞消災。古人認為石的特性堅硬無比、不易破損，故此相信有鎮邪禳災的能力。唐以前就有人在小石碑上刻「敢當」二字，放在橋樑要道或街頭巷道，好禁壓四方不請自來的邪魅。大約到清以後，又有人在石敢當前面加「泰山」二字，取泰山是五嶽之首、群山之尊，有力抵萬鈞之能的意思，於是出現泰山石敢當之稱。

新界圍村仍有很多信眾信奉泰山石敢當，但無論是形態還是擺放位置均已不拘一格。除了石敢當外，還有木敢當。放在通衢外，也掛在屋角上。

信眾認為把石敢當放在屋角可抵擋一些三尖八角建築物的煞氣，故此新田的圍村便有很多掛在屋角、牆角的泰山石敢當，十分有地方色彩。全港最高的泰山石敢當可在龍躍頭松嶺鄧公祠背後和梅窩的桃源洞找到。除了石敢當外，香港還有對石公石婆的崇拜，其神格實與土地神無異。

田竇二師

八和會館內的先師神位，當中刻有田竇二師之名。

廟宇　八和會館：油麻地彌敦道四九三號展望大廈四字樓A座（只限會員）

功能　表演順利

誕日　農曆三月二十四日

田竇二師是粵劇行業四大祖師神之一，來歷無據，後世對兩位神祇的出處有不同說法。有指唐天寶年間，兩童子在宮中遊戲，被唐玄宗遇上，唐玄宗見二人或唱或打，有板有眼，新奇精彩，便想趨前細看。二童受驚逃走，一個在田裏消失，另一個在泥竇無蹤。唐玄宗後來把兩名童子的遊戲變成戲曲表演，戲曲得以發展下來，千年不衰。後來粵劇界更奉這兩名仙童為祖師，稱為田師和竇師，合稱田竇二師。

清同治年間的順德探花李文田曾就這個傳說作研究，認為戲班供奉的田竇二師，實是唐高祖李淵和妻子竇氏，因為清末粵劇伶人李文茂叛亂後，粵劇曾一度被禁，伶人為了避嫌，不敢以下九流戲子之身高攀皇帝為祖師，便採瓜田李下，當避嫌疑的成語，把李改為田。這説法大膽假設有餘，卻嫌證據不足，故不可信。

香港的戲班以華光為尊，田竇二師為次。油麻地的八和會館供有二師神位，並祀的還有華光、天后、譚公和張騫祖師。

禾穀夫人

廟宇　七星崗天后廟：元朗洪水橋洪天路旁孖嶺（七星崗）山頂
功能　求農耕收成
誕日　不詳

洪水橋孖嶺山頂天后廟內的禾穀夫人神位，其神座與天后娘娘並排。

禾穀夫人是廣東南部特有的民間俗神，全名禾花仙女穗稷夫人，專掌稻米禾穀、祛蝗除害之事。《廣東新語》載：香山（中山）村落多祀「禾穀夫人」，或以為后稷之母姜嫄云。后稷是中國神話中的農業神，其母自是擅長五穀之事了。

據已故香港掌故專家魯金先生所言，香港部分天后廟或金花廟，其天后或金花像旁均有一個配祀神靈，那就是禾穀夫人。筆者近年在元朗七星崗（又名洪水橋孖嶺或洪水山）的天后廟內發現一尊附有一塊禾穀夫人神牌的神像，神像就安在天后像旁，惟二者並排，不似有從屬關係。據筆者所知，這神像是石埗圍林姓村民供設的。另外，石埗圍內神廳的列聖神位中，也有禾穀夫人的名字；附近的鍾屋村神廳也如是。而鍾屋村村後一座名為大籮砵的山崗上，也奉有這位女神，更尊奉祂為圍主，具有保護合圍平安之能。

朱大仙
（附：朱立大仙）

大澳龍巖寺閣樓所奉的一尊小朱大仙像，右手持有丹藥，有專治疾病之意。

廟宇　大澳龍巖寺：大澳坑尾村獅山麓
功能　驅邪治病求健康
誕日　旺角崇善堂迓靈洞朱立大仙誕日是農曆二月二十六日（出生）、五月初四（升天）、六月初九和九月十六日（成佛）；仁楓洞佛道社則是農曆二月二十六日和五月初五；深水埗武帝廟是農曆二月十九日。

朱大仙在香港是較冷門的神祇，有關祂的傳說有兩種。一說朱大仙乃是人民為反清復明而虛構的神祇，目的是掩護革命工作，以便反清人士藉拜神或廟會進行串聯。神祇姓朱，含有紀念大明皇室朱氏的意思，故此有姓無名。另一說法指朱大仙名朱立，乃北宋岡州（今新會）牛灣六堡朱山村人，是一名看牛少年，由姑媽養大，得道後因常降乩賜丹藥，當地人便在七堡牛灣建朱仙堂（後改稱雲峰寺）供奉祂，這間廟以求夢必應著名，今仍在。

朱大仙的信眾以香港仔、長洲、三門仔和澳門的漁民為主，大澳龍巖寺有一大一小兩座朱大仙神像，更會每年舉辦太平清醮賀朱大仙誕日（問杯決定）。深水埗天后廟的神龕則只見神名，不見神像。香港供奉朱立大仙的地方有深水埗武帝廟、荃灣仁楓洞佛道社和大圍法蘭雲若，惟全作副神供奉；以朱立大仙作主神只有作風極低調的旺角崇善堂迓靈洞。

究竟朱大仙是否即朱立大仙？筆者認為是兩位不同神祇的機會較大。

西國大王

薄扶林草寮村的西國大王神龕。

廟宇　西國大王廟：薄扶林草寮村舊址（薄扶林道山邊，置富花園附近）

功能　問一般吉凶

誕日　農曆七月十四日

西國大王原名大王公，原奉於汕尾湖田村，是一名統領下三界的陰神，為眾鬼的首領，在稔樹灣和薄扶林草寮村舊址都有神龕。在 1900 年前，薄扶林的牛奶公司牧場招請了大批海陸豐人，他們在附近山坡建成一條草寮村聚居，又叫鶴佬寮（今已清拆），以便生活，而為保出入平安，來自汕尾姓江的村民便請了家鄉神靈大王公來供奉。在每年的西國大王誕日，不少舊村民和薄扶林的居民均會到神龕參拜慶祝。

李靈仙姐

廟宇　李靈仙姐塔：薄扶林村
功能　捉鬼治邪
誕日　農曆四月十五日

奉於薄扶林村仙塔內的李靈仙姐沒有神像，只有一塊石碑。

李靈，來歷不詳，全港獨薄扶林村村民信奉這神，村民除在兩層高的石塔內安奉李靈仙姐的神位外，還有部分居民會在家中神龕供奉祂。

相傳昔日薄扶林村鬧鬼，有村民夢見自稱李靈的女子，表示能助村民捉鬼治邪。及後村內果然回復平靜，不再鬼影幢幢，自此薄扶林村村民便視祂為村的守護神，並建仙塔供奉祂。農曆四月十五日的李靈仙姐誕日，村內的婦女都會到塔前進行祭祀活動。李靈仙姐塔上刻有民國丙辰年（1916）的字樣，推斷仙姐塔可能建於民國五年，或曾於上述年份修葺。

中國各地有很多女性俗神在民間顯靈的傳說，有人認為這是一種處女崇拜。一如香港的天后、姚大聖母和馮張何仙姐等神祇，均具有巫女的特性，有通靈和治病的能力，又貞潔無瑕，故能得到崇信。

李老仙師

大窩口關帝古廟內的李老仙師像，身騎白鶴，雙手持如意、塵拂。

廟宇　大窩口關帝古廟：大窩口邨大窩口道與石頭街交界山邊
功能　問一般吉凶
誕日　不詳

李老仙師的來歷不詳，筆者直至 2008 年年中，僅在葵涌大窩口道關帝古廟的三寶佛殿發現其神像，神像騎在大鶴之上，與太上老君的造型有點相似，但太上老君所騎為獨角青牛，所以未能肯定兩者是否有關係。由於該廟由潮籍人士興建和管理，推斷這位李老仙師當為潮汕一帶的民間信仰。

伯樂

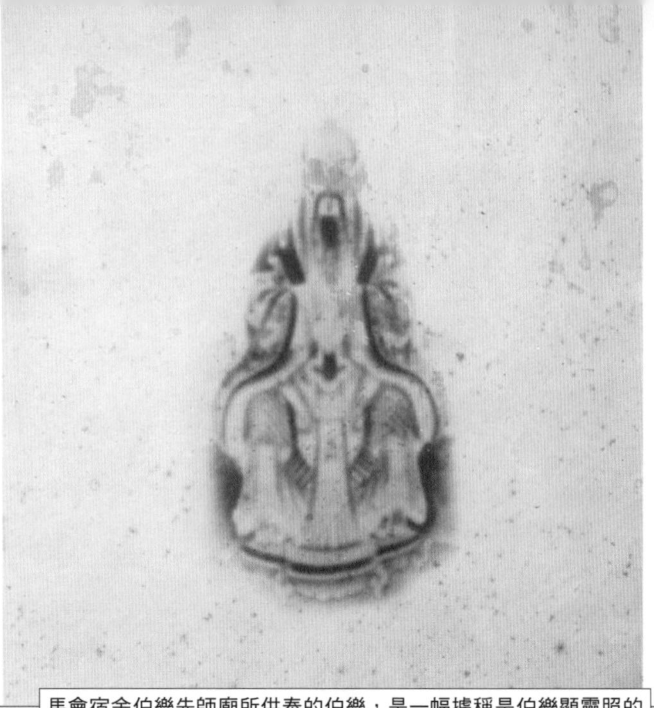

馬會宿舍伯樂先師廟所供奉的伯樂，是一幅據稱是伯樂顯靈照的圖片。

廟宇　伯樂先師廟：沙田馬場馬伕宿舍D座駿祥閣地下
　　　嶺南古廟：油塘高超道嶺南上村六三至七三號

功能　特殊職業神

誕日　農曆六月二十三日

伯樂是香港賽馬業的守護神，為香港馬會員工所供奉，全港獨有的伯樂廟設在沙田馬會宿舍內。廟內所供奉的伯樂，是一幅據稱是伯樂顯靈照的圖片。另外，油塘的嶺南古廟於 2005 年也兼奉了一座伯樂神像，據説是善信所贈。

伯樂本是一顆星的名字，後演變成掌管天馬的星宿神；或説伯樂是春秋秦穆公時一位善相馬的大臣孫陽，雖然世人對伯樂的來歷眾説紛紜，但伯樂善相馬卻成了中國人家喻戶曉的諺語，後來人們把善於發現和選用人才的人比喻為伯樂。

中國自上海租界引入西方賽馬活動之後，人們才開始供奉伯樂，而賽馬活動在香港興起後，伯樂的信仰也從上海南傳過來。

開山宿老

廟宇　二聖宮：元朗橫洲忠心圍
功能　問一般吉凶
誕日　不詳

橫洲二聖宮內的叔老神像，應是宿老之誤。

元朗橫洲二聖宮左室安有神像兩尊，均作白鬚翁狀，前稱叔老。叔老實為開山宿老（簡稱宿老）之誤。該兩名神祇一為「開山立向久住神人」（左），一為「宿老鎮撫安邦大王」（右），都是指當地開村的耆宿父老，如東涌侯王宮和元朗舊墟二帝廟都特別奉有開山宿老的神位。

灶君

（附：監齋佛／菩薩）

一般圍村廚房內的灶君神位。

廟宇　定慧寺：大埔馬窩村五三號
青松觀：屯門青松觀路二八號

功能　賞善罰惡

誕日　農曆八月初三（文中提到的十二月二十三日是灶君上天面聖日，一般也叫誕。誕在民間不一定指生日，也有紀念日的意思）。

灶君即灶神，灶神起源甚早，商代已有人奉祀，道教稱灶君為東廚司命定福灶君，灶君之名據此而來。舊日中國幾乎家家戶戶都會供奉灶君這位民間俗神，因灶君是負責一家平安的家宅神靈，民眾一般把灶神供在家中，而很少建廟奉祀。

灶神本負責管理飲食之事，後來又成了監察人間善惡的特使，有賞善罰惡的能力。為此民眾每年均會謝灶，每到誕日在家中焚燒香燭，好好孝敬灶君，祈求祂在玉帝面前多美言幾句，保一家平安。另外，民間又流傳歲末百姓謝灶的時間表為官三民四發瘋五蜑家六，即官家可在十二月二十三日灶君回天庭誕日謝灶，普通百姓則要在翌日的二十四日才可謝灶，痳瘋病人要等到二十五日，蜑家人更要到最後的二十六日才可謝灶，這明顯是歧視蜑家人的說法。

民間有灶君司飲食之事，佛門的廚房也有一個名為監齋佛或監齋菩薩的神祇，其神格與灶君相似。監齋佛或監齋菩薩的全名是喃嘸鑒齋大聖緊那羅王，相傳這神祇成佛前曾發現妖魔在佛祖的膳食中下毒，祂連忙把有問題的食物倒掉，救回佛祖一命。後來佛祖派祂負責守護世間僧人的膳食，免受妖魔的侵害，後再發展成督促出家人飲食修行的意思。大埔定慧寺、荃灣竹林禪院、大嶼山鹿湖精舍和泰亨觀音廟等寺廟的廚房都供有這位神靈。

花公花婆

吉澳天后宮內奉有花公花婆神座，在香港很罕見。

廟宇　吉澳天后宮：吉澳西澳村
三太子宮：深水埗汝州街一九六至一九八號
功能　求姻緣、人緣，求生育
誕日　農曆十月初十

花公花婆是由植物衍生的自然神祇，相傳是金花娘娘的下屬。花在古代被視作開枝散葉的象徵，故花公花婆主理的自是世間姻緣子嗣之事。廣東民間又稱祂倆為東園花公、西園花婆。東園花公是李師伯，西園花婆是祝氏三娘（或說竹樹三娘），惟出處不詳。

吉澳天后宮和深水埗三太子宮都奉有花公花婆神像，而梅窩的桃源洞則奉有東園花公、西園花婆的神位，一些神馬（神馬也叫紙馬，即我們通稱的衣紙，當中有些印有圖案）也印有二神的畫像。農曆十月初十日為花公花婆誕日，深水埗三太子宮會賀誕慶祝，但規模不大。

花粉夫人

廟宇　灣仔洪聖古廟：灣仔皇后大道東一二九號

功能　求青春、美容

誕日　不詳

澳門康真君廟內的花粉夫人像，此像為清代古董。

香港鮮有廟宇供奉大型花粉夫人的神像，有關祂的資料亦欠奉。據魯金《妙言廟語．兒童守護神篇》記載，花粉夫人是保護兒童神，但並不是專指單一神祇，而是指一眾如脫奶夫人、含茶嚼飯夫人和奶乳夫人等民間女俗神，但花粉夫人為何被冠以花粉之名則沒有提及。筆者對這說法存疑，因紅磡觀音廟和筲箕灣譚公廟的列聖神位中，花粉夫人有改頭換面花粉夫人的稱謂；而容肇祖寫於戰前的〈廣州河南（珠江南）的金花廟〉一文，又記下廟宇中兼有威靈感應花粉夫人的神號。由此可知，花粉夫人是一名保佑婦女年青貌美的民間俗神，跟保護小孩的奶娘們風馬牛不相及。

相傳花粉夫人的真正身份是一名歌姬（歡場女子），因生前對姊妹十分照顧，死後又顯靈助人度過難關，極得一眾風塵女子信奉。澳門十月初五街的康真君廟有一尊塑於晚清的花粉夫人像，旁邊的對聯云：「花容增美艷，粉面妍嬌顏」，其造型花枝招展，與賢妻良母型的奶娘可謂大相徑庭。

炎帝（神農）

中藥職工總會會所所奉的神農畫像。

廟宇　黃帝祠：粉嶺沙頭角公路龍躍頭段一八號

功能　問一般吉凶

誕日　農曆四月二十六日（香港中醫藥業以正月初七和四月二十八日為藥王誕；四月二十八日會休假一天）。

炎帝是一個神話人物，為三皇五帝之一。我們自承為炎黃子孫，這個炎就是指炎帝。相傳古時中國黃河流域有多個部落聚居，比較重要的兩個部落為居於東方的黃帝姬姓部族，和偏居西方的炎帝姜姓部族。當時炎帝部族得炎帝的教化，已懂得焚林闢地耕種，且不喜殺生，有較高的文化水平。炎帝因以火得王，故稱為帝（因炎有大火之意），或赤帝和祝融（火神）。炎帝在民間的另一稱謂是神農。相傳神農（即炎帝）除了發明耕種的方法外，更親嚐百草，發展草藥治病的技術，所以後世的中醫藥業多奉祂為守護神，別稱祂為藥王。

現時炎帝已被視為一種文明象徵，是華夏文明的始祖。目前全港就僅得粉嶺黃帝祠，以華夏始祖的名義奉祀炎帝，祭祀者稀。石籬七聖宮有神農帝君像，而香港的東華醫院大廳、東華三院文物館（廣華醫院旁）、中藥聯商會、中藥職工總會、嗇色園及屯門善慶洞等，都奉有神農的畫像或神位；新界圍村的神廳也多有供奉，鄉民均視炎帝為醫神。

門官

塔門天后古廟內的門官像。

廟宇　青松觀：屯門青松觀路二八號
功能　問一般吉凶
誕日　正月十九日

門官即把守廟宇大門的俗神，又名鎮守門官，作文官打扮，一般是供在廟前左神龕，與右神龕的土地相對。雖然門官的職能跟土地公重疊，但香港不少道觀、廟宇和祠堂仍奉有門官。

屯門青松觀正門入口大殿、半山洲蓬萊閬苑、大澳天后古廟、西貢墟天后古廟、糧船灣天后古廟、南丫島鹿洲天后廟、屏山坑尾村洪聖宮、官坑七聖古廟、大埔舊墟天后古廟、鹿洲天后古廟和塔門天后古廟都奉有這神祇。從以上所羅列的廟宇看，設有門官的廟宇多集中在一些舊社區。

筆者總覺得廟宇供奉這神，是有點美學上的對稱作用，廟門前單供奉土地，總有點失衡，多奉一個神祇，既可相照應，又成雙成對，便給人圓滿安全的感覺。

門神

廟宇　省善真堂：九龍塘律倫街七至八號
法藏寺：慈雲山沙田坳道一七五號

功能　捉鬼治邪、擋煞消災

誕日　正月十五日

新界鄉村常見的武門神。

門神是由神話而生的神祇，其神格是保護居所免被鬼怪妖邪入侵。家居的門神一向不設神位，只安一小香爐在左右門框上，早晚添香。中國的門神種類繁多，除了鍾馗外，其他門神都是成雙成對的，當中以武門神為主，偶爾也有文門神。

漢代的《論衡》引《山海經》指的門神是神荼和鬱壘（音「伸舒」和「屈律」），據説滄海中的度朔山中有一棵大桃樹，枝葉長達三千里，在其東北的地方叫鬼門，門內有萬鬼出沒，神荼和鬱壘就是萬鬼的首領，阻擋鬼魅在人間作惡。於是黃帝便繪兩神之像在門板上，用以驅趕鬼魅，繼而成為民間的風俗。香港鮮見善信奉這對門神，除在元朗上村永慶圍的圍門神位見其神名外，筆者僅在長洲見過寫有神荼、鬱壘的文字貼。

秦叔寶和尉遲恭是香港最常見的門神，祂倆

都是歷史人物，同為唐太宗李世民的兩員大將。明代章回小說《西遊記》第十回說到唐太宗夜夜聞鬼聲，秦叔寶和尉遲恭一身戎裝，執着兵器守在御殿門前，果能嚇退鬼魅。唐太宗為免二人太勞累，便命人繪下二人戎馬之像，懸於宮門前，自此天下太平。後民間效法，二人的門神形象深入民心，在民間流行至今。香港多數鄉村各鄉民門戶前均貼有二人的畫像。

門丞戶尉是道教常用的一對門神。門丞是文官，戶尉是武將，代表文武雙全。崇拜門和戶的習俗早在東漢的《禮記》已有記載，但最初並未擬人化，待門神被形象化後才生了許多官銜。

除了門丞戶尉，目前最常見的道教護法門神還有青龍白虎。早在宋代，中國的道觀已有青龍白虎護觀的記載，而在《北極七元紫庭秘訣》中有云，青龍護法是孟章神君，白虎護法是監兵神君，專門負責鎮守道觀的山門。香港的省善真堂也立有兩神的神像，但龍神稱黃明、虎神稱趙公明，或許是出自另一傳說。

另外，佛教中的哼哈二將也是類似的神祇，兩者的出現完全是拜《封神演義》這本神魔小說所賜。小說中的二將是鄭倫和陳奇，祂們本是紂王的督糧官，懂得哼鼻和哈氣取敵人之魂魄的異術，戰死後被封神，負責鎮守天下佛寺山門，民間把二將形象化，塑成神像立於寺前。香港的寺院鮮見哼哈二將，慈雲山法藏寺是少有將二將奉守在天王殿前的寺院。

近世內地流行將關羽和張飛作門神看待，這可是一種門神文化的新發展了！

洪聖大王

（茅洲大王、把港大王）

鴨脷洲洪聖古廟內的洪聖大王，為區內信眾篤信的神靈。

廟宇　大王古廟（茅山流水感應大王）：元朗舊墟長盛街

把港古廟：大嶼山沙螺灣

滘西洲洪聖古廟：西貢滘西洲

功能　求水上安全

誕日　農曆二月十三日（錦田水頭村賀正月十五。布袋澳村是農曆八月十三日。把港大王誕日不定期，一般在農曆六、七月間。）

洪聖大王是南海水神。這神何以名洪聖？香港的信眾間流傳一個說法，指洪聖大王本名洪熙，為唐時廣利刺史，戍守嶺南海濱。由於精通天文地理，能預知天氣，所以幫了廣東漁民很大的忙，加上祂死後多次顯靈幫助漁民，於是沿海民眾便建廟祭祀祂，因而產生了洪聖大王這位地方俗神。這說法其實沒有根據，讀者可作為參考，但絕對不可當真。

查南海神的出現，最早可追溯至隋開皇十四年（594），當年隋文帝詔祭四海，於是浙江出現了一個東海神，廣東出現了一個南海神，並各建廟宇奉祀。南海神的廟宇就設在今廣州市黃埔區廟頭村西，也即現在的南海神廟處。香港的廟宇或圍村神廳供奉的洪聖大王，一般都稱為南海廣利洪聖大王。廣利王這個名稱，是唐玄宗在天寶十年（751）

所賜封的，意即廣招天下之財利（廣州是重要的對外通商口岸，海上絲綢之路的要點）；到了宋仁宗康定二年（1041），衪又被加封為南海洪聖廣利王，多了洪聖二字。這一切跟洪熙沒有半點關係。

由於洪聖大王與天后同是香港漁民篤信的海神，故此香港的洪聖廟多不勝數，而兼奉洪聖大王的廟宇更多。其中大嶼山石壁的洪侯古廟，是兼奉洪聖大王和楊侯的連體廟宇。另外，元朗舊墟有大王古廟，內奉茅洲大王和楊侯大王，茅洲大王實即洪聖大王；而大嶼山沙螺灣的把港大王亦即洪聖大王。

茅洲大王全名為茅洲流水感應大王，除了元朗舊墟中的大王古廟有此神名外，十八鄉的木橋頭村、馬田村和田寮村神廳也奉有茅洲流水感應大王的神位，只是鮮有人提及。據學者考查，洪聖大王之所以又名茅洲大王，是因為清康熙執行遷界令時，元朗鄉民搬到新安縣臨界的茅洲建墟，而當地有一間洪聖廟。及至復界後，他們便把在該廟的洪聖大王一併請來供奉，因神靈來自茅洲，所以稱為茅洲大王。

另外，相傳乾隆年間，大嶼山沙螺灣的居民飽受惡劣天氣的滋擾，便請風水先生到村內研究應付方法。風水先生認為沙螺灣地形險要，須建廟宇坐鎮才可平息風浪，更建議村民攜同他繪畫的畫圖到城內塑造神像鎮守沙螺灣港口，將神像命名為把港大王。村民依言找工匠塑造神像，工匠一見繪圖即認出是茅洲大王的繪像。父老始知，風水先生所繪的把港大王是照茅洲大王繪畫而成，但仍將把港大王之像供奉在廟宇內。自此之後，沙螺灣果然風調雨順，家宅平安。由此可知，把港大王亦即洪聖大王的別稱。

皇帝萬萬歲

皇帝萬萬歲造型奇特，是厦村鄉護鄉神靈，現供奉於靈渡寺內。

廟宇　靈渡寺：元朗厦村靈渡山
功能　問一般吉凶
誕日　不詳

皇帝萬萬歲是一個被供奉在厦村靈渡寺內的神祇，神像造型獨特，神祇騎貔貅、踏車輪，左臂掛有葫蘆，右臂掛有一面寫着敕令、另一面寫着五雷號令的令牌，似一雷神。此神在其他廟宇很少見到，來歷不詳。

厦村鄉十年一次的大醮，其中有迎接七聖到神壇的儀式，此神便是七聖之一（其餘六聖為元始天尊、靈寶元尊、道德天尊、斗姆、天后和侯王等），可見其地位超然。

珍珠娘娘

牛頭角佐敦谷的福德伯公古廟供有潮汕地區特有的珍珠娘娘。

廟宇　佐敦谷福德伯公古廟：牛頭角佐敦谷北道（近佐敦谷遊樂場康文署辦事處對上公園山坡）

功能　保護小孩

誕日　農曆六月初六

珍珠娘娘是潮汕鄉間的地方俗神，著名的廣東陸豐玄武山元山寺偏殿奉有珍珠娘娘。若單從字面，我們很難知道這神的特性。筆者踏遍香港各區廟宇，只在佐敦谷的福德伯公古廟、油塘福德堂和大窩口關帝古廟看到這名女神。但一眾廟祝都無法説出祂的來歷，直到數年前，筆者在九龍城一間潮州佛堂與善信閒聊，一位八十多歲的老人家才告訴筆者，珍珠娘娘是一名兒童保護神，而所謂珍珠指的是天花。

在沒有接種牛痘疫苗的年代，天花對兒童的健康造成很大傷害，搞不好更是不治之症。由於中國各地有很多女性俗神保護小孩的傳説，於是潮汕人士便虛構了一個天花之神，美其名為珍珠娘娘，供奉祂以求家中兒女平安。珍珠娘娘一般在潮汕地區鄉郊的神廟作副神供奉，以前若有鄉鎮出現天花病毒，鄉民便會抬着珍珠娘娘的神像到該鄉鎮巡遊，以收鎮壓之效。另外，亦有説珍珠娘娘在潮汕一帶被奉為治水之神。但在香港信奉這神祇的善信，均以祈求小孩平安為主。

財帛星君

（附：白無常）

香港很多廟宇均有供奉財帛星君，位於西環的魯班先師廟是其中之一。

廟宇　信善玄宮：沙田大圍針崗山白田村（美松苑後山）
　　　魯班先師廟：西環青蓮臺一五號

功能　求財富

誕日　農曆七月二十二日

香港人對財帛星君這個神祇應該不會感到陌生，特別是新界圍頭人對祂更是熟悉不過，因為新界圍村神廳的列聖神牌中，大都寫有其名字。財帛星君的全名是「都天至富財帛星君」。

民間對這位財神的來歷有頗多説法，有指祂是武財神趙公明四名下屬中的增寶天尊（其餘三神為利市仙官、納珍天尊和招財使者），亦有指財帛星君是趙公明的別稱，甚至説祂就是比干。

以上各種説法當中，唯一較肯定的，就是財帛星君絕非趙公明，因在廣東喃嘸醮會所寫的醮會榜文中，「都天至富財帛星君」和「龍虎玄壇趙大元帥」是同時出現的，所以説財帛星君是一位獨立的財神，當無異議。

香港的廟觀奉祀財帛星君的特點是廟宇多奉祂的神像，道觀則只在神牌上寫上其名字（沙田信善玄宮奉有財神像屬較獨特的情況）；而且不論廟觀都只視財帛星君為副神看待。西環魯班先師廟、上環的廣福義祠、銅鑼灣天后古廟、赤柱天后古廟、長洲水月宮、大澳洪聖古廟、新村天后廟、坪洲天后古廟、吉澳天后宮、青衣真君廟、沙螺灣把港古廟、深石灣三山國王廟、東涌侯王宮、滘西洲洪聖古廟、沙頭角山咀村協天宮、大江埔天德宮、長洲北社天后廟等都奉有財帛星君的神龕。

另外，新界的圍村有把鬼差白無常視為招財使者的傳統，甚至說成是財帛星君的同路人。無常本是佛經中的勾魂使者，本無分黑白，後為道教吸納，才成為城隍廟或東嶽廟等陰廟裏不可或缺的角色，成了一對勾攝魂魄的鬼卒。

香港一些歷史較悠久的廟宇多設有消災壇，消災壇的神祇就是頭戴一見發財高帽、手持葵扇和哭喪棒的白無常。厦村和錦田舉行太平清醮時，會製作一個高大的紙紮白無常作財神看待，是一個十分奇特的傳統。

民間除了有財帛星君誕日外，還把農曆正月初五定為接財神日。

疫情下，香港經濟不景，人心浮動，道門中人也許有感不妙，近年紛紛着眼於財神大能，像 2021 年嗇色園黃大仙祠加建了一座財神宮，2022 年圓玄學院又增建了一間財神殿，所費不菲，大抵都是體應民心之舉，但所奉的都是五路財神，非財帛星君。（按：有關五路財神，可參閱本書「五通神」和「玄壇伏虎趙公元帥」條。）

桃花仙姐

（桃花女）

梅窩桃源洞後山的桃花仙姐神位。

廟宇　梅窩桃源洞：大嶼山梅窩鹿地塘村四三及四四號

功能　擋煞消災，求姻緣、人緣

誕日　不詳

桃花仙姐又名桃花女，源自元雜劇《桃花女破法嫁周公》。在戲文中，桃花女和周公本是天上謫仙，二人精於占卜奇門的功夫，其中桃花女的祈禳法術尤精。後來二人被北帝收為部將，並結為夫婦，成仙後負責掌管人間壽命之事。信眾便以此為據，將桃花女神化為一個助人擋煞消災的女神。

或許是桃花女法力高強的形象太深入民心，明清的通俗小說很多都有桃花女的蹤影，如明末的《七曜平妖傳》、清道光的《桃花女陰陽鬥法》等，均把桃花女描繪得神通廣大。因此，不少秘密宗教信眾便信以為真，把桃花女之名寫進符籙中傍身，實是走火入魔的表現。由於民間認為桃花是招徠姻緣的吉祥物，故此也有人為了增強個人魅力、催旺桃花運而參拜桃花女。梅窩的桃源洞、上水坑頭村長春精舍和茶果嶺天后宮都奉有桃花仙姐，但其名字只見於神牌，大埔天后宮則有一尊桃花仙娘像，而有海陸豐人背景的廟宇若供奉北帝，也常有桃花女和周公的小神像。

海神

石澳海神廟中的海神像只是一尊複製品，其原像藏在建廟商人的家裏。

廟宇　石澳海神廟：石澳泳灘近灘尾礁石上

功能　問一般吉凶

誕日　不詳

海神即海裏的神祇，是自然崇拜的一種。香港的海神廟不多，石澳泳灘旁的海神廟是最為人熟悉的一間，建廟經過與一名商人的遭遇有關。事緣數十年前一名商人在石澳泳灘散步，突然發現有一異物在礁石間半浮半沉，遂撿起一看，原來是一具神像。由於當時商人正面臨生意上的困境，便隨口向神像許願，希望神像顯靈，保佑他度過難關。商人承諾若神靈助他如願，便建一廟以奉。商人其後果然能走出財困，生意轉危為機，便依諾於灘畔建廟祀奉。但因為不知道神祇的由來，便把神祇命名為海神，廟宇則直接命名為海神廟。

這名海神坐鎮石澳數十年，早已融入當地社區，每年的天后誕，石澳村民均會請祂到戲棚看戲，並視為地方守護神。

大嶼山大澳的二澳新村亦有一間海神古廟，但這海神指的是玄天上帝，即北帝（參見「北帝」條），跟這個海神不同。

哪吒（三太子）

廟宇　三太子宮：深水埗汝州街一九六至一九八號

功能　驅疫治病求健康

誕日　農曆三月十八日為重生日，五月二十二日為出生誕日，九月初九為忌日。

全港唯一以哪吒為主神的深水埗三太子宮，神像共有大中小三個。

哪吒是中國民間傳說中的人物，也是家喻戶曉的神祇，有關祂的來歷和身份有多種說法。宋朝的史書《太平廣記》引《開天傳信錄》言，唐朝有名為哪吒的少年，是北天王毗沙門天王的兒子，也是唐朝和尚宣律的護法神，這是哪吒在唐代首以佛教護法神的姿態登場。後來祂離佛入道，成了玉皇大帝御下的中營神將，統率五營神兵天將，稱為中壇元帥。民間更流傳，祂奉玉帝命降世為陳塘關總兵李靖的三子，負責收拾世間各式妖魅，是為三太子。由此可見，哪吒本是佛道不分的天神。

現今我們看到的三太子神像均是小童身軀，面貌祥和稚氣，神像的造型其實是受神魔小說所影響。據元代《三教源流搜神大全》所載，哪吒本是身長六丈，有三頭九眼八臂的巨人，外表非常嚇人。

深水埗的三太子宮，是全港唯一奉三太子為主神的廟宇。相傳十九世紀末，區內來自惠陽的打石工人，從淡水三太子廟請來哪吒的神像到深水埗驅除瘟疫。由於神像出巡後，區內瘟疫便告停止，居民便於區內籌建三太子宮以作紀念，廟宇至今仍保留一塊記述當年分香來港經過的石碑。

除此之外，荃灣天后廟、觀塘大王爺廟、秀茂坪大聖寶廟、坪洲舊火柴廠附近、布袋澳洪聖廟和香港仔往蒲窩的無名路旁，都有供奉哪吒的神龕或小廟。以往大磨刀島礦場也有一間哪吒廟，但營建新機場時，小島被夷平，廟宇也同被拆卸。

哪吒誕日之多可媲美觀音大士，其中農曆三月十八日是蓮花重生誕日，五月二十二日為削骨還父誕日和出生誕日，九月初九為削肉還母誕日和忌日。

張王爺

魯班先師廟內張王爺的小神像。

廟宇　魯班先師廟：西環青蓮臺一五號
功能　擇日諏吉
誕日　農曆三月初四和七月二十日。

張王爺為一位擅於擇日揀時辰的神祇，香港的廟宇一般只見其神名，罕見其神像。油麻地天后古廟的列聖神牌中，寫有揀時擇日張王聖爺的名字，可見祂應是精通天文術數的神祇。

據廣州黃埔村玉虛宮內的始祀張王爺碑記所載，最遲在清道光前，清遠的雙井坑已建有張王爺廟。當時廣州要修整石井橋官道，負責的官紳在擇日動工前，會先問杯於張王爺，祈求諸事大吉。當黃埔村重修玉虛宮時，鄉紳為求工程順利，遂迎請張王爺分香到村內供奉，凡工程擇日諸事，必問杯王爺，果然萬事大吉，如今村內的玉虛宮仍奉有張王爺神像。中國人自古有擇吉時好日動工的傳統，特別是修橋建屋築墳等事，更非請風水先生擇日不可，而奉祀張王爺就是這種傳統轉化成信仰的具體表現。

張王爺信仰在香港不彰，供奉祂的廟宇佛堂，只寥寥數處。西環魯班先師廟正殿右側奉有一座全港獨有的張王爺神像，現今已沒多少人知道祂的身份（常給人誤會為財神），而油麻地天后古廟和沙田紫霞園（下院）則供有其神位。此外，梅窩桃源洞奉有張王爺的神龕，內書「開工大吉，百無禁忌，大吉大利，萬事勝意」等字句。

海王大神

香港仔的海王大神廟內奉有好幾尊海王大神神像。

廟宇　海王大神廟：香港仔成都道與南寧街交界處

功能　問一般吉凶

誕日　農曆十二月初九（建廟紀念日）

全港只有香港仔中心路邊的小神廟供奉海王大神，其出處不詳。廟宇的位置在填海前為船塢海邊，填海後才從沿海小廟變成路邊廟。相信廟宇和神像由附近一帶的漁民所管理及供奉，現時仍香火不斷，並曾聘請喃嘸先生在建廟紀念日做功德。神祇雖名為海神，但其神格更似土地，主要保佑居民出入平安。

陸壓真人

油塘嶺南古廟內頭戴佛冠的陸壓真人像。

廟宇　嶺南古廟：油塘高超道嶺南上村六三至七三號

功能　問一般吉凶

誕日　農曆十月初八日

陸壓真人本為《封神演義》中的角色，曾助姜子牙出戰，為一正派人物。在潮汕地區，民眾輾轉流傳陸壓真人在天地未開之前，由鴻鈞老祖和海潮聖人所造，名字來自一部海底天書《陸壓》，此神祇後來還成了玉皇大帝的師父。

潮汕一帶另有傳在 1935 年 4 月，日軍戰機轟炸惠來縣靖海鎮時，有天生神目的居民看見陸壓真人顯靈，手提花籃抵擋炸彈，迫使炸彈落在水面爆炸，搭救全鎮百姓，故此惠來等地居民均篤信陸壓真人。

油塘的嶺南古廟和坪洲的道德善堂均供奉此神，信眾以潮汕為主。

陸壓真君

油塘嶺南古廟的陸壓真君神像。

廟宇　嶺南古廟：油塘高超道嶺南上村六三至七三號

功能　問一般吉凶

誕日　農曆九月十六日

陸壓真君跟陸壓真人雖只一字之差，但身份懸殊，陸壓真人是天地未開前的遠古神衹（參見「陸壓真人」條），而陸壓真君則是天上四門中，鎮守東天門的土地伯公（對於土地伯公與鎮守天門的天神神格，民間有很多不同的說法，有時偶有差異，不能全作有理性的解釋），全港只得油塘的嶺南古廟供奉。

有關鎮守天門的神衹，筆者在樂富天后聖母古廟中見過一名為南天大王的神衹，其為鎮守戍南天門的神將，又名天德伯公（參見「天德伯公」條）。

陰老太爺

供奉在青山禪院青雲觀的陰老太爺神像，造型古怪。

廟宇 青雲觀：屯門青山青山寺徑青山禪院
功能 問一般吉凶
誕日 不詳

全港只有屯門的青雲觀供奉陰老太爺，但其來歷不詳，觀內奉有其神像和神龕，旁有木印刻上皇宮殿老太爺，卻沒有詳細資料闡釋，故不知其義。筆者認為陰太老爺應為冥神。

赦官

廟宇　塔門天后古廟：塔門海傍街
功能　問一般吉凶
誕日　不詳

塔門天后古廟的赦官雖然出處不詳，但相信其神格與天赦及地官相似。

筆者僅在塔門天后古廟發現赦官的神像，其被奉在偏殿，與醫靈大帝比鄰，來歷不詳，從字面上推斷，赦有赦免的意思，相信這神祇有助人消災擋煞的功能。

道教三官大帝（參見「三官大帝」條）中的地官有赦罪之能，而伴在太上老君旁的天德、天赦（參見「天德、天赦」條）中，天赦負責奉旨救世間，二神均與赦字有關，筆者相信赦官亦是神格相近的神祇，在天后古廟內負責赦免信眾的罪孽。

另外，沙江圍村尾後山有一座天水圍觀音廟，入口道上有一露天神龕，內有石碑，上刻「赦公」二字，兩旁夾一聯「罪由心起將心懺，心若滅時罪亦赦」。顧名思義，想此赦公跟赦官應同為祈求特赦之神。

獅山媽祖

觀塘六一八雨災塌山泥遺址旁的一棵榕樹下的獅山媽祖龍牌是1997 年後才遷來的。

廟宇　獅山媽祖神龕：觀塘翠屏道一二〇號地段（秀茂坪紀念公園內）

功能　問一般吉兇

誕日　農曆二月初六

此神昔日是深水埗區海陸豐人供奉的鄉間神靈，有傳來自陸豐縣獅山，現全港獨觀塘「六一八」塌山泥遺址旁的一棵榕樹下有其神龕，但只有神位，沒有神像，神位是在 1997 年後才移奉過來的。據知，深水埗的海陸豐人以前每年都有做戲賀獅山媽祖誕，如今在觀塘只偶爾在誕日搭建一個大花牌慶祝，以及在農曆七月做一天盂蘭法事超幽。此神龕平日拜神者稀，一般只有晨運人士上香。

華光

（附：伶倫、師曠）

大澳華光古廟的華光像。

廟宇　華光古廟：大澳橫坑村

功能　表演順利、防火

誕日　農曆九月二十八日

華光是一名火神，是粵劇界和紙紮業的祖師爺，祂非道非佛，乃一民間俗神。清末民初時，香港南北行舊有打醮送火的習俗，送火就是歡送火神華光之意，故醮會又叫華光醮或火星醮。其實，以前的建築物多由易燃物料所建，加上消防設備落後，一旦發生火災便一發不可收拾，人們不問蒼天問鬼神，很自然會託諸神靈保佑。

粵劇界流傳當年玉皇大帝派華光到凡間燒掉戲班，以免戲子醜化自己，有損天庭體統。但華光下凡後見眾伶人演戲盡心，全沒有污衊玉皇大帝之意，便沒有執行聖旨，眾人幸免於難，為感其恩，自始奉祂為行業祖師。而紮作業用的竹、紙和布都是易燃物料，這跟戲班演出的竹戲棚和乘坐的木船同為火舌的溫床，故兩種行業均以華光為保護神，也是有其現實意義。

民間稱華光即五顯靈官的説法初見於宋代文獻。宋人魯應龍著的《閒窗括異志》有五顯靈官大帝是佛經中的華光如來之説，把華光視為五顯靈官，又說華光是佛教的神祇。筆者認為這實是民間附會之言。因為佛經中的華光如來，是專指佛祖弟子舍利弗而言，祂跟民間信仰中的五顯靈官全無關連。明代馮夢龍《醒世通言》中有的〈假神仙大鬧華光廟〉篇，謂杭州普濟橋有華光廟，以奉五顯之神，可見時人視華光為五顯靈官的觀念，已根深蒂固。

同期的福建通俗小說作家余象斗，曾寫了一部以華光為主角的章回小說《南遊記》。小說中說華光由五行五氣所化，是能通天、地、風、水、火的五顯靈官大帝。由於小說深入民心，華光即五顯靈官遂成為民間定論。據學者黃兆漢考證，華光的火神形象乃是蛻變自道教四大護法中的靈官馬元帥，而《南遊記》的劇情也是本於這位元帥的傳說，元代的《三教源流搜神大全》便有祂的記載。

大澳的橫坑村有華光古廟，廟中的華光神像是四頭八臂造型，並沒有第三隻眼，有別於傳統。香港除了八和會館外，八鄉古廟、盤王古廟、青雲觀、桃源洞、大江埔天德宮、油麻地觀音樓社壇、大埔舊墟天后廟、鴨脷洲土地廟、長洲洪聖廟、錦田四排石華光祠（2019 年建）、筲箕灣南安坊半山福德祠外神龕（2021 年建）和紅磡北帝古廟等都奉有華光大帝。香港粵劇界每年都會在農曆九月二十八日的華光誕舉行大規模的慶祝活動。

香港粵劇行有普福堂，為粵劇樂師公會，又稱音樂部，其會所神龕除供奉華光先師、張騫先師、田竇仙師等，還兼奉伶倫和師曠兩位先師。前者傳說是黃帝的樂官，由於他發明了十二律，被譽為音樂始祖；後者是春秋時期晉國的一位盲人樂師，他字子野，又稱晉野，出生於冀州南和（今河北省南和縣迓祐村），惟生卒年不詳，後世有樂聖的美譽。由於他亦擅於卜卦推演，也被尊崇為算命先生的祖師爺。

註生娘娘

銅鑼灣天后古廟偏殿有註生娘娘神龕，內奉有一小神像，當是全港獨有。

廟宇 銅鑼灣天后古廟：銅鑼灣天后廟道一〇號

功能 求生育、保護小孩

誕日 註生娘娘的誕日為農曆三月二十日（銅鑼灣天后古廟在正月十九日賀誕）。

註生娘娘是主管生育之事的民間女俗神，負責生育、保護孕婦和嬰兒的工作，職能跟廣州的金花娘娘（參見「金花娘娘」條）相近。祂的信仰流行於閩台、潮汕等地，在香港並不盛行。

在《封神演義》這本共冶民間神話與傳説於一爐的創作小説中，註生娘娘乃是龜靈聖母的弟子雲霄、瓊霄和碧霄三位仙子，祂們助紂王抗周，戰死後被封為註生娘娘，説明這神祇在民間的認知中，是三位一體的女神。台灣有指註生娘娘就是臨水夫人陳靖姑，但受到不少人的非議。

銅鑼灣天后古廟偏殿有註生娘娘神龕，內奉有一小神像，當是全港獨有。另外，坪洲東灣尾和薄扶林前草寮村（薄扶林道山邊）的鶴佬人社區亦有善信供奉註生娘娘的神位，從中或可窺見其信仰淵源。

聖母娘娘

大窩口關帝古廟的聖母娘娘。

廟宇　大窩口關帝古廟：大窩口邨大窩口道與石頭街交界山邊

功能　問一般吉凶

誕日　農曆十一月二十七日

聖母娘娘也稱岩娘，名林玉雲（又名九姨），元朝仁宗延佑年間（1314—1320），潮南縣成田鄉人（今屬汕頭市潮南區），為潮汕地區的一名女神。傳説中，她生於一戶農家，幼時天資聰慧，讀書過目成誦，且愛聽佛經。由於她一心向佛，在嫁前一天，便帶着一條小狗和一個飯鍋離家出走到深溪鄉翠峰岩的洞穴中隱居，平日四出採摘草藥治病救人，深得鄉民敬重，也因而感動了上蒼，讓她和相伴的小狗一同升天得道。後來人們感其功德，於是在翠峰岩建廟奉祀，事聞朝廷，元帝即敕封祂為翠峰岩林九姨娘娘。至明初，又傳玉帝降乩封祂為母后聖母，鄉民便又稱祂為聖母娘娘。

香港的大窩口關帝古廟和九龍城潮陽溪頭下厝新龍同鄉會都供奉聖母娘娘。另外，大澳龍巖寺也有供奉一位聖母娘娘，有指是天后或金花，又因其手中抱有一小孩，故此又有人説是華山聖母。

雲開菩薩

全港只有荃灣上角山的龍母佛堂供奉雲開菩薩。

廟宇　龍母佛堂：荃灣老圍上角山（西方寺後）

功能　問一般吉凶

誕日　不詳

雲開菩薩是一個罕見的民間俗神，筆者曾在一客家神媒的神壇見過其名字，後來又在荃灣龍母佛堂發現其神牌。

相信祂是一個想當然而來的神靈，其起源來自一種泛神心態，信眾均抱持長年拜雲開，福壽一齊來的信念。

坊間流行的想法是若有人心有所憾，只要每天天亮前向神祇祈求，直到日出雲開，精誠所致，便能守得雲開見月明。善信認為上天一定有一個神祇接收人間訊息，助世人紓急解困，而這個神就是雲開。雲開菩薩雖名為菩薩，實不是佛教神譜中的神祇。

瑤池金母

（無生老母）

荃灣玉霞閣所奉的瑤池金母像，少了一點慈祥，多了一點威嚴貴氣。

廟宇　玉霞閣：荃灣象鼻山路二坡圳（石圍角邨對面山坡）
天真佛堂：葵涌九華徑新村二四及二八號

功能　問一般吉凶

誕日　農曆七月十九日（玉霞閣）和十月二十七日（天真佛堂）

瑤池金母即明初民間秘密宗教羅教所尊奉的至尊女神，一般稱為無生老母。瑤池金母雖與王母娘娘的別稱相同（參見「王母娘娘」條），但筆者曾向先天道的道眾查詢，她們堅稱兩者非同一神祇。故此兩位娘娘的神格雖有相似之處，但不可作同一神祇看待。

相傳瑤池金母是人世間九十六億兒女的母親，後來因祂的兒女在人間漸漸迷失本性，遭受苦難，祂便派遣燃燈佛、釋迦牟尼佛和彌勒佛分三階段到人間拯救世人，把兒女度回天家。這三段時期分別稱為青陽期、紅陽期和白陽期。

香港罕見供奉瑤池金母的廟堂，而少數供有瑤池金母的廟堂也十分低調，荃灣玉霞閣、九華徑天真佛堂（雖名佛堂，但入道教系統）、泓澄仙觀和先天道安老院，是較為人熟知供有瑤池金母的廟堂。而近年則有一新開的樓上道觀——九龍玄妙慈惠堂奉有此神，據知其香火來自台灣。

齊天大聖

（孫悟空）

秀茂坪大聖寶廟的齊天大聖神像。

廟宇　大聖寶廟：觀塘秀茂坪寶琳路（寶達邨入口斜對面）

功能　問一般吉凶

誕日　農曆八月十六日為大聖誕日（另有說是農曆十月十二日）。

齊天大聖是由神魔小說演變出來的神祇，這位孫行者早在宋朝話本《大唐三藏取經詩話》中已出現，後來明人吳承恩創作《西遊記》，成為民間喜愛的章回小說，令齊天大聖孫悟空的形象深入民心，後來更慢慢發展成一種民間信仰。據文獻記載，最遲於清朝時福建已出現齊天大聖廟。由於孫悟空與唐僧四師徒經歷九九八十一難，最後取得真經，回歸東土，孫行者修成正果，被加封為戰鬥勝佛，故民間又以此相稱。

小說中齊天大聖雖是佛教徒，但一般寺院都沒有奉祀祂，祂只能在神廟道堂裏落腳。香港以祂為主神的廟宇最少有七間，分別是秀茂坪大聖寶廟、柴灣大聖廟、石排灣大聖廟、牛池灣大聖廟、石籬白雲洞、錦田大江埔天德宮和藍地南安佛堂。而兼奉的廟宇則有深水埗龍慶堂、荃灣玉霞閣、義仙佛堂、梅窩桃源洞、觀塘大王爺廟、聯光佛堂、呈祥道紫陽洞佛堂、沙田信善玄宮、慈雲山水月宮、石籬聯敬社、大窩口關帝古廟、坪洲一德善堂（道德善堂）和屏山楊侯宮等。

香港奉祀齊天大聖的善信中，以海陸豐信眾最為活躍，上述七間大聖廟，除了天德宮有潮州人參與管理工作外，其餘皆為海陸豐人籌建，當中最有名的，是秀茂坪的大聖寶廟（此廟於 2008 年中清拆，現已搬往寶達邨入口斜對面）。每年農曆八月十六日的大聖誕日，大聖寶廟均有乩童降神的儀式，由於大聖爺數十年來只降靈同一乩童，故名為鐵馬騮的乩手成為群體中的名人，深受信眾尊重。（鐵馬騮已於 2005 年去世，目前大聖乩童另有其人。）

參拜大聖爺時善信都備有專用的大聖衣作為祭品，祭品包括紙紮神袍、金剛棒和金剛箍等。筆者懷疑創作這份大聖衣的人或許沒有看過《西遊記》，小説中孫悟空飽受緊箍咒之苦，對這個金剛箍一點都不留戀，試問又怎會希望善信貢奉金剛箍呢？

近年據筆記考察所得，在新會、江門等五邑地區，民間廟宇都流行供奉齊天大聖為護法神，其身份一若佛寺中的韋陀或道觀中的王靈官，如此就可解釋為何廣府人建的嗇色園會在正殿供奉齊天大聖（戰鬥勝佛）了，原來這是個地方傳統。

漁頭大王

（魚頭大王）

漁頭大王是大嶼山的特有神祇，其中沙螺灣的把港古廟便奉有此神。

廟宇　把港古廟：大嶼山沙螺灣
　　　大澳石仔埗洪聖古廟：大澳石仔埗街

功能　求漁穫

誕日　不詳

香港漁民有祝福語云魚頭大順或魚頭大汛，即網網千斤之意，故此漁頭大王當是漁民的守護神，即魚網之神。沙螺灣把港古廟的神龕寫有「魚蝦大順」四字，可見其保佑漁民漁穫豐收的神格。

筆者暫時只在大嶼山區的廟宇見此神祇之名，如沙螺灣把港古廟、大澳石仔埗洪聖古廟、大澳關帝古廟和塘福洪聖宮等都供有其神像，惟只作副神供奉。

樊仙

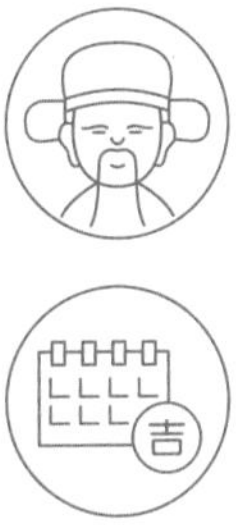

白眉黑鬚是大埔碗窰陶瓷業保護神樊仙的特徵。

廟宇 樊仙宮：大埔上碗窰

功能 特殊職業神、擇日諏吉

誕日 農曆五月十六日

樊仙是陶瓷業祖師爺，原名樊進德，明朝人。全港只有大埔碗窰建的樊仙宮主奉樊仙。樊仙宮建於 1790 年或之前，廟內供奉的樊仙由碗窰馬氏家族（客家人）由廣東五華下陶村移奉香港。另外，也有説樊仙為樊姓三兄弟，因法術高強、有求必應而被善信奉祀。

馬氏家族由家鄉恭請樊仙來港，是為了保佑陶瓷工人平安順利。昔日，每逢農曆五月十六日的誕日，村民都會做大戲慶祝樊仙誕。另外，樊仙會於誕日降身乩童，為村民指點迷津，當中尤以擇日諏吉最為靈驗，自上世紀八十年代以後，因再沒有童身接乩，這風俗終告失傳。

鴻鈞老祖

慈雲閣的鴻鈞老祖像。

廟宇　省善真堂：九龍塘律倫街七至八號
　　　嶺南古廟：油塘高超道嶺南上村六三至七三號

功能　問一般吉凶

誕日　不詳

鴻鈞老祖的鴻有大的意思，鈞即陶鈞，是造陶器的轉輪，兩者引申為上天造化的大轉輪，尤指天地未開，處於一片鴻蒙的狀態。

在《封神演義》這本明代的神魔小説中，鴻鈞老祖被説成是道教的始祖，由祂而下才是三清（參見「三清」條）。由於鴻鈞老祖成了宇宙開天闢地的神祇，其神格與盤古類同，民間就借題發揮，以盤古真人相稱。明清以來，不少民間秘密宗教均信奉此神，其中較有名的是紅槍會，該會甚至有呼喚老祖賜予護體神功的咒語。

香港的廟宇中，九龍塘省善真堂、油塘嶺南古廟、下葵涌仙師廟、暢林園和慈雲山慈雲閣都奉有鴻鈞老祖，茶果嶺天后宮的列聖神牌有洪軍老祖之名，「洪軍」當是「鴻鈞」之誤。

盤古大王

（附：盤瓠）

盤王古廟內的盤古神像手持日月牌，象徵理涉陰陽，創造宇宙。

廟宇　盤王古廟：大埔九龍坑村後九龍坑山（合雲山）山邊

功能　問一般吉凶

誕日　農曆正月十五日（也有說是農曆十月十六日）

盤古大王是開天闢地的始祖，在祂之後才有三皇五帝的出現。清人張渠著的《粵東聞見錄》有關於盤古廟的記載，認為廣東廟宇中的盤古，實即瑤族所奉祖先盤瓠之文變。惟近人作品《盤古國與盤古神話》中，盤古與盤瓠為性質不同的神祇。查盤瓠（音「戶」）是一人頭狗身的神祇，又稱狗王，是少數民族的祖先。相傳盤瓠原是借大耳婆左耳生下來的小狗，後來祂因咬死作亂的番王有功，便化身為人，娶了高辛帝（即三皇五帝中的帝嚳）的三公主為妻，躍身而為狗王。狗王繁衍的後代更獲高辛帝賜姓，漸漸形成一氏族人。由於族人以狗為祖先，所以一向禁吃狗肉，更將拜祭狗王視為氏族傳統，可見盤古與盤瓠信仰，應是相近但不相同的民間信仰。

盤古信仰在香港並不流行，除了一些歷史悠久的佛堂外，大埔的盤王古廟是唯一一間供奉作主神的廟宇，信眾以客家人為主。而全港僅大澳仍有一尊盤瓠的狗形石像，被放在創龍社旁的神龕內，但居民只將其視為普通石獸，實在是暴殄天物。

龍母

坪洲悅龍聖苑的龍母神像。

廟宇　悅龍聖苑（龍母廟）：坪洲東灣志仁街一五號地下
海心龍母廟：土瓜灣下鄉道四九號

功能　保護小孩、求水上平安

誕日　農曆五月初八，正月初八和八月初八為副誕。坪洲悅龍聖苑在農曆八月二十六日慶祝龍母得道。

香港的龍母信仰，源自肇慶悅城的龍母傳說。相傳秦時，楚國之晉康郡（廣東德慶程溪一帶）有一老婦收養了五條小龍，五龍常伴老婦左右，故此鄉人稱老婦為龍母。老婦死後，五龍子化身為人，按照人子之禮辦理老婦的喪事，輾轉間龍母被葬在悅城。

晉康郡侯於悅城建龍母廟，鄉民都奉龍母為神，漸漸發展成龍母信仰，並盛行於兩廣的沿江鄉鎮，為當地最重要的水神之一。龍母後來被道教吸納，化身成為女仙人，被尊稱為龍母元君。

龍母的信眾以女性居多，她們都喜歡把子女過繼給龍母，以求子女平安。香港有多間廟宇供奉龍母，如樟樹灘龍霞靜苑、坪洲悅龍聖苑、土瓜灣海心龍母廟、荃灣龍母佛堂、古洞龍母廟和藍田德田村後山龍母廟等。兼奉龍母的廟宇則有新田東山古廟、秀茂坪普善佛堂觀音廟、索罟灣正德僊觀觀音閣、小秀新村觀音廟、九華徑天真佛堂、灣仔玉虛宮、曾咀洪聖廟和南丫島鹿洲村天后古廟等。

農曆五月初八為龍母誕日；正月初八和八月初八則是龍母副誕日，坪洲悅龍聖苑會在農曆八月二十六日慶祝龍母得道誕日。

龍寶太子

荃灣上角山龍母佛堂山門前的龍寶太子神像手持仙丹，是一名醫神。

廟宇　龍母佛堂：荃灣老圍上角山（西方寺後山）
功能　驅疫治病求健康
誕日　不詳

筆者僅在荃灣的龍母佛堂見過龍寶太子這神祇。

據說龍寶太子是龍母娘娘的助手，負責協助龍母娘娘製藥。故此祂的神像手中捧有一粒藥丹，信眾相信只要誠心膜拜，便可藥到病除，身體健康。

轉心童子

運

灣仔玉虛宮中的轉心童子像。

廟宇　灣仔玉虛宮：灣仔隆安街

功能　轉運

誕日　不詳

轉心童子非道非佛，在道佛的神譜中均不見其名，相信是古時廣州或佛山等地，廟祝因應民心所需而衍生的功用神，後輾轉傳入香港。香港多間廟宇均見其神名，其中灣仔玉虛宮更奉有一尊木雕神像，上面刻有轉心童子之名，是筆者在香港所僅見。

所謂轉心，即回心轉意。老師祈望壞學生變好、父母希望頑皮孩子變乖和失寵婦人祈求得寵，參拜祂就最合心意了。

香港一些老牌廟宇如油麻地天后古廟和上環廣福義祠的列聖神牌都寫有祂的神名，荃灣老圍上角山龍母佛堂山門入口則有一張轉心童子畫像，祂衣服上繡有一個法輪圖案，一如風車，有轉運的象徵意義。

鍾馗

元朗舊墟大王古廟內的鍾馗神像無甚特別，應是廟宇新置的。

廟宇　大王古廟：元朗舊墟長盛街

功能　捉鬼治邪

誕日　正月十六日

鍾馗是個傳説人物，史上並無其人，有關祂的來歷有多種說法。鍾馗後來被道教吸納，成為道教中的捉鬼大師，是妖魔鬼怪的剋星，台灣人更稱祂為伏魔公。

鍾馗的鬼王形象在唐玄宗（712—756）以後成形，據《唐逸史》一書記載，唐明皇在夢中見二鬼，一大一小，大鬼捉小鬼挖目啖之。唐明皇見狀問大鬼為何人，大鬼答其名為鍾馗，是為皇上除天下妖孽之士。唐明皇見祂殺氣騰騰，威猛非常，夢醒後便吩咐吳道子依其描述，繪畫鍾馗像，並批告天下，於歲暮繪鍾馗像掛於門前，以袪邪魅，成為千百年來鍾馗門神的濫觴。

另外，南宋李石《續博物志》又記，鍾馗本應作鍾葵。《北史》記有一古人堯暄的事跡，堯暄名鍾葵，別字辟邪，所以李石認為世人把鍾葵附會演化成一個辟邪捉鬼的神祇。據此，鍾馗能辟邪治鬼的説法，早在唐宋已流行。

但到了後世，則對上述説法存疑。明末學者顧炎武認為鍾馗之所以成為鬼王之王，實與山東儺戲驅鬼儀式中的道具椎有關。椎乃一種鎚形武器，是一種擊邪工具，由於古山東人稱椎為終葵，鍾馗與終葵通，故此人們借其意以繪像，後發展成一個捉鬼專家的名字。

不過民間不論鍾馗的來歷，只道鍾馗能捉鬼治邪，祂在宋時已成民間儺戲的主角。到了元明時，《鍾馗戲小鬼》更成為儺戲中的必演劇目，加上《斬鬼傳》和《平鬼傳》等清初章回小説的渲染，鍾馗的鬼王形象便深入民心，甚至由戲台躍上神台。

香港鮮有人奉祀鍾馗，一般只以塑像或畫卷作擺設觀賞之用。除了落馬洲路近謝家園的觀音堂，元朗舊墟大王古廟的偏殿神龕也供有一尊小鍾馗像，由於這廟宇經常有神婆舉行驅邪法事，筆者懷疑這尊鍾馗神像是專為舉行驅鬼儀式而設的。

黃大仙嗇色園於 2018 年新建的綜合大樓悟道堂外牆，近年新安上一座栩栩如生的巨型鍾馗浮雕，冠絕全港，其深意實頗堪玩味！

靈通轉運大將軍

運

廟宇　赤柱天后古廟：赤柱大街近赤柱廣場

功能　轉運

誕日　不詳

赤柱天后古廟內的靈通轉運大將軍立像。

靈通轉運大將軍，來歷不詳，香港的廟宇中僅見於赤柱天后古廟，為一武將裝扮的神靈。此神衹站立在廟內一角，相信只是一位神格低微的小神。從其名字推測，此神應有為信眾轉運的功能，故名靈通轉運大將軍。

德真消災大將軍

赤柱天后古廟內的德真消災大將軍立像。

廟宇　赤柱天后古廟：赤柱大街近赤柱廣場

功能　問一般吉凶

誕日　不詳

德真消災大將軍這神祇，全港僅見於赤柱天后古廟內，來歷不詳，神祇作武將打扮，左手持金鞭，似是看門神多於大神。

後記

幾經波折，本書終於能跟讀者見面了。還記得第一次透露撰寫此書的意向，是在 2004 年春節接受香港電台節目主持鄭啟明先生訪問時談及。那時原是一間出版社邀約出版的，無奈老闆接下稿件後，突然另有打算，結果退堂鼓響，成書夢滅。雖然事隔多年，但當日老闆在旺角「大快活」悔約，把稿件和光碟退回的那種晴天霹靂、槌撞心坎的痛，到今天仍刻骨銘心。

此後，我聯絡了幾間相熟的出版社，也寫了很多簡介，但全像入了黑洞似的，自說自話，沒半點回覆，人也愈感失落。眼看這「偏門書」要胎死腹中、早登仙境，卻又出現柳暗花明的希望。此時，一位曾訪問過我的女記者當了我的「紫微星」，在她穿針引線下，某報館轄下的出版社答允出版此書。聞此消息，真是喜從天降，興奮得差點就跑去燒香酬神。

然而，還是興奮得太早了。2005 年年底，報館的財政突轉不穩，還拖欠員工的工資，甚至連負責這份書稿的責任編輯也離職了。出版的曙光又再落入黑洞，我大感徬徨，思索着是進還是退？還是跑去問杯？這事實在令我煞費思量，最後為怕心血白流，決定忍痛要回稿件，長痛不如短痛，暫時放棄出版。

接連遇到挫敗，覺得天意弄人，心情難免惡劣，惟有自我安慰：「該死不用病！周樹佳，反正你的作品談神論佛，那就聽天由命吧！上天要你這本書出版便自有安排，哪怕是十年、二十年，你也得等。若上天覺得你寫的東西不濟，是污染環境，那就等天收拾，把它永世封存在書房角落好了，反正你已經努力過了！」自我催眠之後，心也釋然。

雖說「釋然」，其實心裏仍有點不服，故在等待的日子中，我一直沒敢偷懶，仍竭力挖掘更多的本地神祇。因為我愈來愈相信，上天故意安排諸多波折，只是要給我更多的時間補充和完善資料，以免出來的作品貽笑大方。

猶幸上天沒有離棄我，2008 年初的一次機緣，讓我重遇舊友蔡先生（按：他是我逛書局四十餘年來，所遇到其中一位最懂得書的人。），這時他剛好在中華書局（香港）有限公司工作，多得他的推薦，我那兩大公文紙袋的封塵稿件終於守得雲開，蛻變成今天這本搜神作品。雖然我已努力完善書中每個條目，但我明白當中必然存在不足和錯漏的地方，那可能是我的學識和能力有限所致，請讀者諸君多多包涵和不吝指正。

2008 年 11 月

吉日　書房

2021 年 4 月

吉日　書房重訂

索引

筆畫索引

二畫

三畫

四畫

五畫

六畫

七畫

八畫

九畫

十畫

十一畫

十二畫

十三畫

十四畫

十五畫

十六畫

十七畫

十八畫或以上

功能索引

求漁穫

求讀書功名

表演順利

保護小孩

捉鬼治邪

特殊職業神

賞善罰惡

擇日諏吉

擋煞消災

轉運

驅疫治病求健康

問一般吉凶

廟宇分區索引

香港島

二伯公廟	鰂魚涌英皇道 987A
三義君廟	中環和安里
上環文武廟	上環荷李活道 124 號
五華師母廟	香港仔舊大街休憩公園旁
孔聖堂	銅鑼灣加路連山道 77 號
王母娘娘廟（已拆）	筲箕灣阿公岩村道小山崗上
玄都觀	柴灣新廈街樂軒台對面
玉皇寶殿	筲箕灣阿公岩村道
石獅城隍寶殿	北角書局街 23 號美輪大廈 2 樓 F－G 座
石澳天后古廟	石澳村 333 號
石澳海神廟	石澳泳灘近灘尾礁石上
光明講堂	跑馬地藍塘道 118 號 3 樓
西國大王廟	薄扶林草寮村舊址（薄扶林道山邊，置富花園附近）
李靈仙姐塔	薄扶林村
赤柱天后古廟	赤柱大街近赤柱廣場
岳王古廟	銅鑼灣電器道 158—160 號
抱道堂	北角書局街 23 號美輪大廈 17 樓
泓澄仙觀	北角英皇道 657 號東祥工廠大廈 C 座 7 樓
香港仔譚公爺廟	香港仔田灣石排灣道（石排灣道遊樂場對面）
香港紅卍字會	銅鑼灣皇龍道 25 號
香港鎮海宮	北角英皇道 390－394 號亞洲大廈 21 樓 B 座
桃園禪院	北角春秧街
海王大神廟	香港仔成都道與南寧街交界處
純陽仙洞	堅尼地城德輔道西 444－452 號香港工業大廈 21 樓 F 室
啟明寺	西環薄扶林道 119 號
崇珠閣	北角繼園街 1 號 B
通善壇	中環威靈頓街 75－77 號 3 樓
黃竹坑大王爺廟	黃竹坑南朗山道 1 號
黃泥涌北帝譚公廟	跑馬地藍塘道 9 號
筲箕灣天后古廟	筲箕灣東大街 53 號

（續上表）

筲箕灣城隍廟	筲箕灣金華街
筲箕灣譚公廟	筲箕灣阿公岩譚公廟道（近避風塘）
道慈佛社	西環堅尼地城域多利道 55 號
銅鑼灣天后古廟	銅鑼灣天后廟道 10 號
劉備廟、張飛廟	筲箕灣愛秩序村 4227 號地段
廣福義祠	上環太平山街 40 號
德教紫香閣	石澳村 411－413 號 2 樓（不對外開放）
德教紫靖閣	西營盤德輔道西 164—170 號西都大廈 14 樓
蓮鶴仙觀	石澳道爛泥灣 219 號
魯班先師廟	西環青蓮臺 15 號
寶泉庵	北角英皇道 315 號麗宮大廈 4 字樓
灣仔玉虛宮	灣仔隆安街
灣仔洪聖古廟	灣仔皇后大道東 129 號

九龍

九龍城侯王古廟	九龍城白鶴山聯合道 130 號
八和會館	油麻地彌敦道 493 號展望大廈 4 字樓 A 室（只限會員）
三太子宮	深水埗汝州街 196—198 號
三峰廟	牛池灣扎山道 381 號
大士王爺寶殿	油塘高超道 33 號
大聖寶廟	觀塘秀茂坪寶琳路（寶達邨入口斜對面）
心齋研道會	九龍何文田梭椏道 25 號 2 樓
牛池灣三山國王廟	牛池灣坪石邨觀塘道 2 號
牛頭角福德廟	牛頭角道與振華道交界處
玄天上帝廟	藍田啟田道 99 號 A（藍田分科診所旁）
地母元君廟	藍田安達臣徑藍田公園
尖沙咀福德古廟	尖沙咀海防道 28 號（熟食市場側）
佐敦谷福德伯公古廟	牛頭角佐敦谷北道（近佐敦谷遊樂場康文署辦事處對上公園山坡）
佛香講堂	九龍塘窩打老道冠華園 2 樓 A 座
赤松黃大仙祠	黃大仙竹園邨 2 號（黃大仙鐵路站 B2 出口）
招利聖君古廟	順利邨道 3 號（電力站對上）

（續上表）

明星善社	觀塘物華街群星大廈 19－29 號 1 樓 D 及 E 室
松蔭園佛道社	旺角登打士街 44－46 號恒隆大廈 13 至 15 樓
油麻地城隍廟	油麻地廟街眾坊街
油塘福德堂	油塘高超道（佛教何南金中學對面）
法藏寺	慈雲山沙田坳道 175 號
青松仙觀	深水埗大南街 164 號（三元寶殿在 6 樓）
洪聖殿	大角咀福全街 58 號
省善真堂	九龍塘律倫街 7－8 號
紅磡北帝古廟	馬頭圍道 146 號
紅磡福德古廟	紅磡寶其利街
海心龍母廟	土瓜灣下鄉道 49 號
茜草灣三山國王古廟	觀塘茶果嶺復康徑
茶果嶺天后宮	茶果嶺道（茶果嶺村村尾）
茶果嶺地母殿	觀塘茶果嶺復康徑茜草灣三山國王古廟內
普善佛堂觀音廟	觀塘秀茂坪寶琳路（寶達邨入口斜對面）
普慶念佛社	黃大仙馬仔坑道 20 號
港九金飾珠寶業職工會	旺角上海街 446—448 號富達商業大廈 1 字樓（只限會員）
港九福德念佛社	深水埗呈祥道 6071 號地段（明愛醫院後山）
紫陽洞佛堂	深水埗呈祥道紫陽洞村 28 號（元清閣之下）
華嚴閣	鯉魚門泉源道西 82 號
黃大仙元清閣	九龍呈祥道地段 6449 號
慈心佛堂	九龍城南角道 48 號 4 至 5 樓
慈雲山太陰娘娘廟	慈雲山慈正邨正泰樓後山
慈雲閣	慈雲山慈雲山道 150 號（基慈小學旁）
慈德善社	九龍塘金巴倫道 53 號（不對外開放）
獅山媽祖神龕	觀塘翠屏道 120 號地段（秀茂坪紀念公園內）
樂富天后聖母古廟	樂富邨樂民樓山邊德美山 1 號 A
嶺南古廟	油塘高超道嶺南上村 63－73 號
聯光佛堂（達摩廟）	秀茂坪曉光街 82 號
觀塘大王爺廟	觀塘翠屏南邨翠樂樓後山坡
觀塘地藏王古廟	觀塘翠屏道 120 號地段（秀茂坪紀念公園內）

（續上表）

新界

七星崗天后廟	元朗洪水橋洪天路旁孖嶺（七星崗）山頂
七聖古廟	西貢十四鄉官坑
七聖宮	荃灣石梨貝金山山頂 22A 號（石梨街休憩處入口）
九霄觀	元朗八鄉錦上路石湖塘村 6 號 A
二聖宮	元朗橫洲忠心圍
三聖廟	屯門三聖墟麒麟崗
上角山地藏王廟	荃灣老圍上角山（西方寺後山）
大王古廟（茅洲流水感應大王）	元朗舊墟長盛街
大埔文武二帝廟	大埔富善街 53 號
大埔桃源洞	大埔山塘村 42 號
大窩口關帝古廟	大窩口邨大窩口道與石頭街交界山邊
元洲仔大王爺廟	大埔元洲仔里
元符觀	元朗大旗嶺村
天真佛堂	葵涌九華徑新村 24 及 28 號
天德宮	錦田八鄉大江埔村
天德聖教道堂	屯門青山村楊青路 11 號
孔嶺洪聖廟	沙頭角公路馬尾下段及坪輋路交界處
月老祠	屯門青山青山寺徑青山禪院後山
水尾村天后古廟	錦田水尾村 62 號（不對外開放）
古巖淨苑	沙田大圍車公廟路 1 號
玄壇爺廟	糧船灣白腊村海灘最左處
玄關帝廟	流浮山輞井圍村尾
玉霞閣	荃灣象鼻山路二坡圳（石圍角邨對面山坡）
石籬福德古廟	石籬邨石排街石籬天主教小學對面
竹林禪院	荃灣芙蓉山
西方寺	荃灣老圍村三疊潭
西林寺三元宮	沙田上禾輋 198 號（先天道安老院附近）
西貢蠔涌車公廟	西貢蠔涌路
伯樂先師廟	沙田馬場馬伕宿舍 D 座駿祥閣地下

（續上表）

佛堂門天后古廟	西貢大廟灣
妙法寺	屯門藍地青山公路 18 號
沙田車公廟	沙田大圍車公廟路 7 號
周王二公書院	錦田水頭村便母橋旁
定慧寺	大埔馬窩村 53 號
忠和精舍	大埔馬窩路 43 號
東普陀講寺	荃灣老圍村 168 號
松嶺鄧公祠	粉嶺龍躍頭祠堂村旁
武帝宮	大埔汀角村村尾
金蘭觀	元朗屏山唐人新村 240 號
青山三洲媽廟	青山三聖墟麒麟崗公園旁
青衣太陰娘娘廟	青衣信義新村真君古廟旁
青松觀	屯門青松觀路 28 號
青雲觀	屯門青山青山寺徑青山禪院
青龍頭天后宮	青山公路青龍頭段 56－58 號
信善玄宮	沙田大圍針崗山白田村（美松苑後山）
南天竺寺	荃灣芙蓉山
南涌天后宮	沙頭角鹿頸路與南涌交界處
南圍天后古廟	西貢南圍路 97 號旁
屏山洪聖宮	元朗屏山坑尾村
省躬草堂	大埔舊墟汀角路 21—27 號
胡秀華師公廟	元朗南坑村大樹下西路紫竹林觀音堂旁
胡法旺公祠	屯門大欖涌村
英雄古廟	元朗米埔隴村
泰亨鄉天后宮	大埔泰亨鄉
泰亨鄉文帝古廟	大埔泰亨鄉天后宮旁
泰亨鄉和合二仙神龕	大埔泰亨鄉天后宮附近連理樹下
烈女宮	荃灣芙蓉山
真安寺	元朗十八鄉港頭村
真君廟	青衣楓樹窩路 9A 號
荃灣廣東都城隍廟	荃灣老圍村

（續上表）

崇心道德壇	大埔公路大埔滘段（近松仔園）
淳風仙觀	荃灣石籬邨石梨坑金山頂
清德堂達摩祖師廟	青衣上高灘街信義新村
陶氏三聖宮	屯門五柳路屯子圍舊陶氏宗祠旁
厦村車公廟	元朗屏廈路羅屋村對出河邊
善慶洞	屯門屯發路 11 號（屯門市廣場對面）
紫霞園	沙田排頭村 148 號
雲浮仙觀	流浮山深灣路
黃帝祠	粉嶺沙頭角公路龍躍頭段 18 號
圓玄學院	荃灣三疊潭老圍路
楊侯古廟	元朗厦村鄉新慶圍西部
極樂寺	屯門虎地屯富路屯安里
滘西洲洪聖古廟	西貢滘西洲
聖道正壇	大埔懷仁街 29－33 號 6 樓
萬佛寺	沙田排頭村 221 號
萬德苑	大埔林村鄉梧桐寨村
道榮園	沙田排頭村 179 號
福德神廳	上水金錢村
樊仙宮	大埔上碗窰
盤王古廟	大埔九龍坑村後九龍坑山（合雲山）山邊
蓬瀛仙館	粉嶺百和路 66 號
錦田水頭村洪聖宮	元朗錦田水頭村口
龍母佛堂	荃灣老圍上角山（西方寺後）
龍潭古廟	粉嶺蕉徑（雞公嶺山腳）
禪師寺	元朗十八鄉白沙路公庵山山腰
糧船灣天后古廟	西貢糧船灣
糧船灣水神龕	西貢糧船灣天后古廟旁
靈渡寺	元朗厦村靈渡山
觀宗寺	粉嶺置福圍 12 號
觀音巖	荃灣芙蓉山

（續上表）

離島

大王公廟	近大澳寶珠潭吉慶後街
大澳石仔埗洪聖古廟	大澳石仔埗街
大澳楊侯古廟	大澳寶珠潭吉慶後街
大澳龍巖寺	大澳坑尾村獅山麓
大澳關帝古廟	大澳吉慶後街
六合玄宮	大嶼山牛牯塱村大蠔河口畔
仙姊廟	坪洲北灣坪利路
玄壇古廟	大嶼山東涌石門甲村石門甲道
白銀鄉文武廟	大嶼山梅窩白銀鄉
吉澳天后宮	吉澳西澳村
把港古廟	大嶼山沙螺灣
東涌侯王宮	大嶼山東涌沙咀頭牛凹村東澳古道
金花廟	坪洲永安台 11A（天后宮左邊巷子進入）
長洲水月宮	長洲觀音灣路
長洲玉虛宮	長洲北社街
長洲地母殿	長洲西灣天后宮旁
長洲西灣天后宮	長洲西灣友堂路
阿彌陀佛靜室	大嶼山昂坪彌勒山
悅龍聖苑（龍母廟）	坪洲東灣志仁街 15 號地下
海神古廟	大嶼山二澳新村
索罟灣天后宮	南丫島索罟灣索罟灣第一街
梅窩洪聖廟	大嶼山梅窩銀石街
梅窩桃源洞	大嶼山梅窩鹿地塘村 43 及 44 號
華光古廟	大澳橫坑村
塔門天后古廟	塔門海傍街
塘福洪聖宮	大嶼山塘福村海邊
蒲台島天后廟	蒲台島大灣
羅漢寺	大嶼山東涌石門甲村石門甲道
寶蓮禪寺	大嶼山昂坪
觀音寺	大嶼山羌山道

香港諸神線上地圖

香港諸神補遺

一畫

一世敦珠法王：原名敦珠朗巴（1835—1904），西藏密宗寧瑪派領袖。藏密紅教祖蓮花生大士曾授記他是岩藏取者，有益眾生。（香港禪修中心）

二畫

九鯉仙：福建民間神祇。相傳漢朝時，何氏九兄弟在興化湖坐鯉魚升天成仙，該處即仙遊縣九鯉湖。農曆九月初九為誕日。（柴灣太平村天后廟、香港九鯉洞）

二王爺：資料不詳。（香港仔蒲窩路口）

八卦祖師：有指為伏羲氏。（光板田七聖宮）

三畫

三平（坪）祖師（784—872）：俗家姓楊，法名義中，今福建福清人，唐代高僧，他在漳州平和縣三平山創建三平寺，敕謚號廣濟大師，正月初六為出生之誕日，六月初六為出家誕日，十一月初六為成道誕日。（啟明寺、北角寶泉庵、三玄宮）

三達祖師：相傳為一西藏喇嘛，曾在山西五台山活動，後在江西竹林寺創一路螳螂拳，後世稱為「江西竹林寺螳螂拳」，流行於客家社區。（蓮鶴仙觀、一些神館）

大伯爺：神格類似土地。（香港仔某齋舖門口地下）

大排頭、二排頭、三排頭：神格類似土地，是船排的保護神。（筲箕灣某船廠）

大黑天：藏傳佛教的護法神，是治病與財富之神。（屯門蓮池淨院）

大輪明王：又稱大輪金剛，密宗神祇，為彌勒佛的憤怒化身，能助修行者消除業障。（寶蓮禪寺、青雲觀）

四畫

王元化：資料不詳。（坪洲道德善堂）

五（伍）丁先師：原指先秦時期古蜀國開闢蜀道的五位力士，後世逐漸演變合成一人，視其為石藝祖師，農曆四月初八為誕日。（茶果嶺天后宮）

五公佛：全稱是五公主佛，相傳原是一名公主，昔日有女尼淨妙師太能與五公佛通靈，專醫奇難雜症，農曆十月初四為誕日。（坪輋菩提精舍、古洞龍母廟）

五師菩薩：即觀音、李道明、北斗星君、齊天大聖和驪山老母。（三峰廟、牛池灣義仙佛堂）

五營兵馬：道教神靈，指東南西北中五方護法神將，多見於台灣廟宇。（高流灣〔深灣〕洪聖廟仔、玄門道派天鴻壇）

比干：林姓始祖，商朝重臣，唐太宗追謚忠烈公。相傳比干是剜心而死，世人以其「無心」不偏私，故又視之為文財神。農曆四月初四為誕日。（顯淋宮／北角奎霞同鄉會）

天乙娘娘：由一名來自揭陽的老婦帶到香港，她自稱為此神的童身，在慈雲山一帶活動，其後因年老，老婦把神像送到福德古廟供奉。農曆二月二十九日為誕日。（慈雲山街坊福德古廟）

天星上品潤谷娘娘：原名周潤谷，為牛池灣扎山道普救廟創辦人，生前樂善好施。（普救廟）

天娘：資料不詳。農曆七月二十八日為誕日。（南涌天后宮、九天玄女義女宮）

天神老爺：只有神位，不見神像，信眾主要是海陸豐人，昔日本奉於深水埗區，後遷至油塘，其資料不詳。（油塘大士王殿）

天德大帝：資料不詳。（馬鞍山天后廟）

太子公公：資料不詳。（藍田地母元君廟）

太子爺：潮劇保護神，一組三個，奉於戲班後台。

水仙尊王：水神之一，有指為大禹，信仰流行於台灣，農曆十月初十為誕日。（石塘咀街市一店鋪）

五畫

北王菩薩：資料不詳。（南涌天后宮）

北陰大帝：道教神祇，即酆都大帝，地獄最高主宰。農曆九月初九為酆都大帝誕日。（石籬淳風仙觀）

四千歲：台灣王爺信仰之一。（九龍坑玉興宮）

玄元道師：太上老君的坐騎獨角牛。（嶺南古廟）

玉靈太子：相傳為玉帝之子，台灣人供奉為多，農曆二月初九為誕日。（北角寶泉庵）

白玉蟾（1134—1229）：本名葛長庚，道教金丹派南五祖之一，世稱紫清先生。（抱道堂）

白雲仙師：香港民間教派白雲教所供奉的主神。（八鄉白雲神功壇）

白龍王：泰國華僑周欽南（1937—2013）的別稱，據聞因他能與龍神「白龍王」溝通，有未卜先知的能力。（米埔楊侯廟、荃灣老圍）

白鶴仙師：成仙的白鶴。有白鶴派和洪拳的武館稱白鶴先師。農曆十月二十六日為白鶴仙師誕日。（塘坑白鶴仙師壇、一些神館）

六畫

伊尹：商朝開國元勛，因精通烹調之術，世人視之為飲食業祖師爺，農曆四月初八為誕日。（港九酒樓茶室總工會）

西天佛祖：民間教派西天佛祖教所奉的主神，學法弟子能有如茅山弟子般的神打能力。（龍鼓灘一神功館）

朱大天君：佛寺守護神（排頭山靜蓮淨舍）

朱元璋（1328—1398）：明朝開國太祖皇帝。油麻地觀音樓社壇奉有「五王教」的龍王、城隍、玉皇、地藏王和人王五神，其中人王指的就是朱元璋。農曆九月十八日是誕日，潤五月初十是忌辰。

百花童子：資料不詳。（坪洲道德善堂）

守江大王：大澳海口的守護神。（大澳石仔埗）

七畫

宋大祖師：資料不詳。（藍田地母元君廟）

佛法大仙：儒釋道教的創教祖師。（三聖廟）

床頭婆：民間信仰中保護嬰兒的神祇。（坑頭村楊侯宮）

杜康：傳說中酒的發明者，被視為釀酒業的祖師爺。農曆八月十六日為誕日。（私人供奉）

吳屋村鎮國將軍：全名吳應雷，字玉泉，是深圳南頭南園村吳姓的先祖。宋哲宗年間（1077—1100），吳應雷以求雨有功而出仕，死後被追封為鎮國將軍，農曆八月初八為誕日。（元朗吳屋村村公所）

李白師爺：傳說為一酒徒，昔日他常在沙江廟附近活動，其後意外溺斃，鄉民祀之以免成無主孤魂，因不知其名，遂以好酒的李白稱之。（流浮山新慶村神廳）

李府王爺：原名李德裕（787—849），字文饒，今河北贊皇人，中唐時期政治家、詩人。台灣王爺信仰之一。農曆四月二十六日為誕日。（九龍坑玉興宮）

李青蓮：即李白，號青蓮居士，唐朝詩人，有詩仙之美譽。農曆八月十八日為誕日。（抱道堂）

扶頭爺：扶應作符。新界鄉村遇有大型工程，為怕風水被破壞而每有蠆符法事，方法是在村的重要位置放下一盆盆的符竹，象徵五方天將前來守護，待他日工程完結，便由做蠆符的喃嘸先生解除，但相傳那解除蠆符的喃嘸先生必須同為一人，若該名喃嘸先生不在或逝世，村民便要永世供奉符竹，稱作符頭爺。（打鼓嶺瓦窰頭村）

八畫

孟子：名軻，鄒國人，東周至戰國時代儒家的代表人物，古聖賢。（世界紅卍字會、粉嶺黃帝祠）

林四九爺：資料不詳。（林村）

林福民：玉石業祖師，農曆三月十七日為誕日。（香港九龍玉器工商聯會）

招財象神：原為印度教中的智慧之神，後被佛教密宗吸收，以護持密教的修行者。（石埗路尾村一廠房外）

招財貓：日本常見的一隻偶像貓擺設，其特徵是高舉一手，做出向人招徠的手勢。（西源里）

青松觀四大護壇：據《至寶真經》所載，廣州至寶台有四位仙人降鑾演教，分別是李志能大仙、白眉仙翁、碧羅仙姑與黃玄憲祖師，稱四代師，屯門青松觀跟至寶台關係密切，於是設有四師殿供奉四位仙人。（青松觀）

狐仙：指修煉成正果的雌性狐狸，傳供奉可得好姻緣。（深水埗一神館）

阿若憍陳如尊者：佛祖最早的弟子之一，也是第一個證阿羅漢果的弟子，在五百羅漢中排第一位。（鹿湖精舍）

東山姑婆：陸豐潭西鎮東山村莊氏家族的家神，能保佑小兒平安。農曆四月二十六日為誕日。（薄扶林西國大王）

九畫

侯王陳本：全名陳忠義，唐代人，農曆正月十五日為誕日。（錫降圍朝天宮）

南天正神：資料不詳。（龍鼓灘一神功館外）

胡大仙：資料不詳。（高莆金玉堂）

胡公大帝：原名胡廁（963—1039），後更名胡則，今浙江金華永康縣人。他是北

宋名臣，為官廉政愛民，深得百姓愛戴，死後被奉為神，其信仰盛行於浙江省，農曆八月十三日為誕日。（北角英園同鄉會）

范將軍：名范無救或無赦，台灣人稱為八爺，也即黑無常，與謝將軍組成拍檔專職緝拿鬼魂。（油麻地城隍廟）

春花娘娘：資料不詳。（榕樹灣）

英桐、蘭花仙姐：資料不詳。（流水響同福庵）

帝釋天：護法神，主要職責是保護佛陀、佛法和出家人。（九龍城玉霞別院）

迴龍祖師：本名彭泰榮（1873—1950），字克真，號汝尊，世稱述古老人，四川重慶永川人，創辦同善社，弘揚三教，其門人又尊稱他為統道師尊，農曆四月初十為誕日。（至和壇、圓玄學院）

送子娘娘：求子嗣的神祇。（藍田地母元君廟、聖公壇）

送生司馬：專職運送嬰兒給婦女受孕的神靈，傳為金花娘娘的拍檔，農曆四月十八為誕日。（屯門三聖宮［五柳路屯子圍舊陶氏宗祠旁］、屯門口角天后古廟）

十畫

夏泰先師：佛山人，傳聞其祖上以製醬為業，由於夏泰對行業貢獻良多，更提出「抽」的概念，為同業廣泛認同，被世人視之為醬油業祖師，農曆八月二十六日為誕日。（香港九龍醬料涼果聯合商會）

展護衛：即古典名著《三俠五義》中的展昭，包公的護衛，小說人物。（上環文武廟）

通天教主：中國古典神魔小說《封神演義》的角色，是鴻鈞道人的弟子，創立截教。（坪洲道德善堂）

郭老先師：大窩口關帝古廟昔日一位吳姓廟祝的師公。（大窩口關帝古廟）

郭芝蘭：資料不詳。（觀塘明星善社）

陳王：全稱東西二海陳王爺爺，港澳漁民普遍供奉的九位大神，相傳是珠江的守護神。（一般港澳漁船內的神龕）

孫思邈（？—682）：唐京兆華原（今陝西耀縣孫家塬）人，是中國著名的大夫與道士，被譽為藥王，宋朝追封妙應真人，他本着「人命至重，有貴千金，一方濟之，德逾於此。」之意，寫下《備急千金要方》傳世。農曆四月二十八日為藥王誕。（嗇色園黃大仙祠藥王殿）

十一畫

清水祖師：俗名陳昭應（1047—1101），法號普足，福建永春縣小岵鄉人，北宋高僧，由於在泉州安溪蓬萊山清水巖修行，因此被尊稱為清水祖師。農曆正月初六為誕日，農曆五月初六為得道日。（北角沙美同鄉會）

張公聖君：原名張慈觀（1024—1068），福建永泰縣嵩口鎮月洲村人，閭山派道士，其信仰盛行於閩南及台灣，信眾稱祂為法主公或閭山法主。農曆七月二十三日為誕日。（榕樹灣一商店、一些神館）

梁公佛：俗名梁慈能（1098—1116），馬山都梁村（今廣東四會市大沙鎮）人，北宋僧人。他十九歲坐化，鄉人建廟供奉其

肉身，祈祝屢有靈驗，今當地寶勝古寺即其祖廟，農曆五月二十六日為誕日。（大角咀洪聖殿）

敕封助國龍源公王：西貢大環村王氏家族一位當官的先人。（西貢大環村王氏家祠）

十二畫

惠澤尊王：本名葉森（1190—1208），福建泉州南安縣眉山鄉高田村人，佛教徒，祂的信眾主要是南安葉氏族人，農曆十二月初十為誕日。（小坑村鳳山寺）

黃師父：傳聞是迎接朱大仙由平海到大澳龍巖寺的當事人之一。（大澳龍巖寺）

雲廚妙供天君：道觀廚房的守護神。（青松觀）

運財童子：改善財運的民間俗神。（高流灣）

虛空藏菩薩：大乘佛教八大菩薩之一，東密重要的本尊，其出現常與代表大地的地藏菩薩相呼應，在香港主要由真言宗信眾供奉，據言參拜能增加記憶力和智慧。農曆三月十六日是誕期。（志蓮淨院、珠岡禪院）

十三畫

楊戩：中國古典神魔小説的武將，又稱二郎神，身邊常有一隻哮天犬跟隨。（玄虹苑）

葉元帥及夫人：原是在第一代大聖寶廟範圍內發現的葉氏夫婦金塔，善信其後問乩大聖佛祖，指先人生前是武將，故稱其為葉元帥及夫人。（大聖寶廟）

葉法諸：蓮麻坑葉氏家族一位懂得神功法術的先人，約為清初人。（蓮麻坑葉氏宗祠）

感天大帝：有指為東晉道士許遜，又稱許真君，為道教四大天師之一，並開創淨明派。（呈祥道紫陽洞佛堂）

聖人公媽：泛指一些無祀孤魂，此名稱多為海陸豐人所用。（牛頭角聖人公媽廟）

聖仁公媽：實即聖人公媽。（順天邨聖仁公媽廟）

葛洪（284—364）：字稚川，自號抱朴子，今江蘇句容縣人，道教學者，醫藥學家，晚年隱居廣東羅浮山，著有醫書《肘後方》等。（九龍城某醫館）

敬如在：泛指一眾神靈。

十四畫

緇衣、貴籍：文昌帝君的兩位侍神。（白銀鄉文武廟）

蒲團佛：資料不詳。農曆六月二十二日及十二月十五日為誕日。（日光昭明觀）

銀燭瑋王：資料不詳，但千字文中有「銀燭煒煌」一句，即銀白色的蠟燭火光炫耀，推測意指燭火之神。（青龍頭天后宮龍母神龕下）

監齋菩薩：原名緊那羅，天龍八部之一，守護佛寺廚房安全的神靈，神像造型多手執狼牙棒或銅鎚。農曆十二月二十三日為誕日。（一般佛寺）

十五畫以上

廣澤尊王：原名郭忠福，生於後唐同光年間（923—926），終於後晉年福年間（936—944），福建泉州安南縣人，以孝順聞名，其信仰在福建、台灣和東南亞都頗具影響力，農曆八月二十二日為誕日。妙應仙妃為其妻子。（小坑村鳳山寺、北角開元禪寺）

蝦姑姐：神靈來自番禺萬頃沙，早年透過一黃姓男子通靈，助善信除危解困，屢有靈驗，信眾以水上人居多。農曆六月二十七日為誕日。（利安堂）

歐大仙：資料不詳。（大澳龍巖寺）

謝將軍：名謝必安，即白無常，廣東人多單獨供奉祂於廟宇的地壇，由於祂的造型是戴了一頂高大的官帽，上寫「一見發財」，民間亦有人視祂為財神。閩南人稱祂做七爺，與范將軍是一對捉拿鬼魂的陰差拍檔，常見於城隍廟中。（油麻地城隍廟）

鴻運貴人將軍：原名顧寶鎮，生前是坪洲一名地主，很富有，捐了很多錢給金花廟。（坪洲金花廟）

薛仁貴：原名薛禮（614—683），初唐名將，清代通俗章回小說《薛仁貴征東》的主角。（小西灣盂蘭勝會會場神位）

薛炎娘娘：有指為福建神靈薛孝大王之誤，主開鑿河渠之神職。但仍有稱她是雷電之神。（南安佛堂）

韓唐老爺：資料不詳，只見旗幟不見神像，相傳常降童在大聖寶廟中，指點善信迷津。（大聖寶廟）

臨水夫人：原名陳靖（767—790），一般人尊稱她為陳靖姑，福州下渡人（又有稱是古田縣臨水鄉人）。祂是一名幼兒的保護神，閭山派的重要神靈，派內一批專供奉她及林九娘、李三娘的法師，被稱為三奶派，在閩台兩地都有很大影響力。農曆正月十五日和八月十五日是誕日。（柴灣太平村天后廟）

簡公佛：俗名簡子煜（1238—1288），字士明，號雲巔，番禺鍾村屏山村人。他十五歲為僧，生前有預知能力，圓寂七日肉身不腐，被塑成金身供奉，問病最為靈驗，其屏山祖居今改建成簡公佛廟，每年正月十五日或第一個甲子日和最尾一個甲子日為誕日。（薄扶林一住宅、前中環天后三元宮）

闕大德公：西貢蠔涌鹿尾村潮籍人士的守護神，非指關帝，傳說為一乩童夢兆而得名。（西貢蠔涌鹿尾村）

寶爐公公護法神：守護化寶爐的神靈。（南涌天后宮）

護法真人梁師尊：梁永亨，台山人，洪拳師傅，師承林世榮，後創蛇貓鶴混形拳。他曾當粵語片的武術指導，更粉墨登場，在戲中留有「無長橋不足與我敵，無短手不足以自保」的功夫名句。（索罟灣正德仙觀）

穢跡金剛：全稱清除穢跡金剛，為佛祖化現之金剛明王，具有強大降魔伏妖的能力，一般只供奉於寺院，卻不限於顯密二宗，昔年有五台山寶霞法師到港傳授「穢跡金剛法門」，使信仰廣傳天下。農曆二月十五為誕日。（虛雲和尚紀念堂、妙宗寺、華松仙館、至和壇）

香港諸神

起源、廟宇與崇拜

全彩修訂版

周樹佳 著

責任編輯 白靜薇
裝幀設計 黃希欣
排版 陳先英
印務 劉漢舉

出版

中華書局（香港）有限公司

香港北角英皇道四九九號北角工業大廈一樓 B

電話：（852）2137 2338

傳真：（852）2713 8202

電子郵件：info@chunghwabook.com.hk

網址：http://www.chunghwabook.com.hk

發行

香港聯合書刊物流有限公司

香港新界荃灣德士古道 220-248 號

荃灣工業中心 16 樓

電話：（852）2150 2100

傳真：（852）2407 3062

電子郵件：info@suplogistics.com.hk

印刷

深圳市雅德印刷有限公司

深圳市龍崗區平湖街道

輔城坳工業大道 83 號 A14 棟

版次

2009 年 2 月初版

2021 年 5 月全彩修訂版

2024 年 6 月再版

規格

16 開（230mm×170mm）

ISBN

978-988-8758-16-6